# RESPONSABILIDADE CIVIL

## Belmiro Vivaldo
## Jeovanna Mesquita

**Studio Sala de Aula Editora**

Studio
Sala de Aula

Printed in the United States of America

Studio Sala de Aula Editora

# CONTENTS

# APRESENTAÇÃO

A responsabilidade civil permeia toda a vida em sociedade, sendo um dos institutos mais verificados e aplicados pelo profissional do direito, nos mais diversos campos: estritamente civil, na área de família, bem como no direito do consumidor, administrativo e em demandas metaindividuais.

Assim, perpassamos pelos seus pontos mais críticos para a adequada compreensão de seus conceitos para uma melhor aplicação, como a conduta, o dano, o nexo causal, excludentes, sem nos desviarmos de aspectos polêmicos, como a "indústria do dano moral" e as novas tendências da responsabilidade civil.

Esta obra foi construída com o objetivo duplo: possibilitar o aprendizado daquele que está conhecendo a disciplina e também ser um instrumento para o leitor que pretende revisar ou redescobrir o seu estudo.

Através da apresentação mais direta dos conteúdos (o que podemos chamar de "resumo", "sinopse" ou "doutrina compactada"), optamos por evitar cansativas ilações doutrinárias ou jurisprudenciais, trazendo o essencial para o seu propósito, que é um caminhar seguro e lógico no ramo escolhido.

Os conteúdos aqui apresentados são o resultado de mais de quinze anos de docência nesta e em outras áreas afins, sendo a compilação da melhor estratégia didática observada junto aos nossos alunos de graduação, pós-graduação e cursos preparatórios.

Esperamos sinceramente que o(a) caro(a) leitor(a) deguste esta obra, construída com muito carinho e responsabilidade, pelo que nos colocamos em contato direto para dúvidas, críticas e sugestões, através do e-mail belmirofernandes@gmail.com, no Instagram em @belmirovivaldo e através de nosso canal de aulas no YouTube, em www.youtube.com/belmirovivaldo .

# 01 – INTRODUÇÃO À RESPONSABILIDADE CIVIL

Uma das maiores preocupações de todo ordenamento jurídico é coibir e punir aqueles que praticam atos ilícitos. Cada ramo detém suas ferramentas próprias para atingir este objetivo, de modo que no direito penal encontramos as multas penais e a prisão; no direito administrativo a cassação de autorizações e concessões dadas aos particulares e a demissão de servidores públicos e, no direito civil – dentre outros mecanismos – a responsabilidade civil.

Como tivemos oportunidade de exterminar em outros volumes desta coleção, as consequências à prática de atos ilícitos civis normalmente afetam o patrimônio econômico do ofensor de suas regras e princípios; existe, portanto, um dever geral a todos aplicável de não admoestar a vida alheia, seja em seus bens, seja em seus direitos de personalidade.

É preciso também considerar que o direito civil – diferentemente do que ocorre com o direito tributário, com o penal e até mesmo com o direito administrativo – **não prevê** em caráter apriorístico as condutas ilícitas puníveis, trazendo, algumas vezes, algumas expressamente consignadas na legislação (ex.

dever de sustento dos pais sobre os filhos menores), em outras permitindo que os particulares previamente as pactue (ex. a cláusula penal), mas, dado o reconhecimento da **autonomia privada**, é até mesmo saudável que sejam apresentadas *fórmulas gerais* de verificação *in concreto* dos atos ilícitos e o surgimento do dever (ou, como preferimos, obrigação) de indenizar.

A responsabilidade civil, portanto, é um ramo que, de forma diametralmente oposta à sua regulação legislativa, tem crescido de importância, sendo terreno fértil para construções científicas e jurisprudenciais, surgindo com frequência novas teses para a sua aplicação.

No passado, apenas se falava em indenização por danos patrimoniais, cujo prejuízo precisava vir demonstrado nos autos; em seguida, reconheceu-se que a violação a elementos não patrimoniais também merecia proteção, sendo construída a teoria do dano moral, reconhecida inclusive em sede constitucional (vide artigo 5º, inciso V, da CF/88). Em um momento mais para frente foi destacado do dano moral o dano estético, com local próprio e cumulável com aquele (Súmula n. 387 do Superior Tribunal de Justiça). E, depois, foram construídas novas e novas teorias, como a do dano patrimonial indireto, a da perda de uma chance (cujo caso mais notório foi o do extinto programa do apresentador Sílvio Santos) e não há muitos sinais de que a criatividade jurídica pare por aí.

Hoje, por exemplo, percebemos uma certa *inflação* do dano moral, chamada por muitos como uma "indústria", mas não podemos apenas repetir por aí essas anedotas, sem analisar os dois lados. Evidentemente, quando o dano moral foi inicialmente reconhecido (e já falamos sobre isto em dissertação de mestrado defendida no Programa de Pós-Graduação em Direito da Universidade Federal da Bahia) apenas em caso de ofensas comprovadas; depois, passou-se a se entender que é uma compensação à violação aos direitos de personalidade (ou à própria dignidade da pessoa humana) e hoje o dano moral é praticamente sinônimo *prático* das perdas e danos da seara contratual, muito verificada em relações de consumo.

Estariam os aplicadores do direito se deixando levar em uma *onda* casuística e – muitas vezes – preponderantemente motivada como base de cálculo de honorários advocatícios ou o próprio dano moral está evoluindo para uma concepção mais ampla, como a da violação ao princípio geral da confiança e da boa-fé?

Ainda falando sobre tais tendências, tradicionalmente a responsabilidade civil era baseada na noção de *culpa lato sensu* típica do direito civil; percebeu-se – há não pouco tempo, diga-se a verdade – que era uma construção falha para atividades de *risco*, trazendo para a parte vitimada um pesado ônus probatório que a desencorajava a buscar o amparo do Poder Judiciário. Logo, a culpa em matéria de responsabilidade civil tem sido cada mais restringida, dando lugar à verificação *objetiva* da conduta a um resultado, dentro de um nexo causal.

Tais controvérsias, somadas a uma legislação escassa, uma presença forte da jurisprudência e uma boa dose de sensibilidade na defesa das teses que tornam o estudo da responsabilidade civil tão desafiador.

Como esta obra tem a finalidade de se apresentar para o leitor como uma doutrina condensada – um *resumo*, diriam alguns -, não será possível trazer todas as teses mais modernas, porém traremos os principais pontos **operacionais** para um adequado manejo de seus institutos, servindo como um guia a uma aprendizagem ou de revisão/atualização dos profissionais já atuantes que escolheram a leitura dessas linhas para uma análise panorâmica sobre o tema.

Os próximos capítulos, portanto, apresentarão os pontos mais incontroversos da responsabilidade civil, de modo que deixaremos as teses mais polêmicas para outros estudos mais aprofundados.

# 02 – FUNÇÕES DA RESPONSABILIDADE CIVIL

A responsabilidade civil é o conjunto de respostas jurídicas que o direito civil oferece para as vítimas de um ato ilícito para que consigam, ainda que sob ângulo de uma aproximada equivalência pecuniária, reparar o mal que lhes foi feito.

Para que atinja tão elevados objetivos, a responsabilidade civil apresenta algumas funções mais evidentes, que, reunidas, de um lado visam coibir potenciais ofensores e, de outro, oferecer um alento razoável aos vitimados em seu patrimônio econômico ou personalíssimo.

Como se observa, tais propósitos não se diferenciam tanto daqueles já difundidos no direito penal, embora esta ciência tenha seus mecanismos próprios (tipificação de condutas, critérios legislativos para a imputação dos sujeitos e cálculo das penas, eleição de bens jurídicos mais relevantes), mas às vezes os dois sistemas se aliam e se complementam, como nos efeitos indenizatórios (civis, portanto) da sentença penal condenatória.

Vamos então conhecer as principais funções da responsabilidade civil, adiante agrupadas.

## 2.1    Função Ressarcitória

A função **ressarcitória** ou **indenizatória** ou **repara-tória** da responsabilidade civil visa recompor o *status quo ante*, atingido pelo ato ilícito. Neste sentido, o magistrado comina o ofensor com prestações de fazer, não fazer ou ainda pecuniárias, com o propósito de reconstruir uma realidade quebrada com aquela conduta.

Dentre as prestações **não pecuniárias** temos a con-denação do autor do ato ilícito a oferecer um pedido de desculpas privado ou ainda a republicar fato noticioso compreendido como inverídico. Caso não o faça, poderá o juiz aplicar-lhe multa diária ou ainda converter sua prestação de fazer em perdas e danos.

Tomando-se a perspectiva de prestações pecuniárias, encontraremos o arbitramento, pelo juiz, de verbas indeniza-tórias diante do dano provado (no caso de patrimonial) ou perce-bido (como no caso de dano moral).

De qualquer sorte, faremos aqui o primeiro alerta ao lei-tor – que, provavelmente, será repetido por diversas vezes nesta obra – **a jurisprudência brasileira é conservadora quanto ao valor das verbas indenizatórias**.

O raciocínio jurídico adotado no Brasil para o cálculo indenizatório é o do *ressarcimento* ao patrimônio personalíssimo ou econômico da vítima; prestações pecuniárias mais vultuosas são por aqui desincentivadas e até mesmo criticadas, funcion-ando o Superior Tribunal de Justiça como instância judiciária balizadora *quantum* indenizatório.

Portanto, diferentemente do que tomamos por ver-dadeiro certas notícias vindas do estrangeiro, como de alguma consumidora que queimou uma pequena parte da perna porque o recipiente do café adquirido em um loja de *fast food* ficou mil-ionária, ou ainda um sentimento de vingança de se levar à ruína financeira o causador do dano, no Brasil se tenta uma solução intermediária entre a ausência absoluta de reparação e a loteria judiciária, com maior tendência a condenações mais modestas.

Este entendimento não é de todo descolado da legislação, porque pode ser extraído da própria leitura do artigo 927 do Código Civil, ao estabelecer que "aquele que causa o dano a outrem fica obrigado a **repará-lo**" (grifos nossos). A ideia central é de reparação, não de vingança ou de enriquecimento, portanto.

Tal reparação, contudo, não pode ser incompleta. Com isto, é reconhecida a aplicação do instituto da **restituição integral** (*restitutio in integrum*), por meio do qual o dano deve ser integralmente ressarcido, **nem a maior, nem a menor**. A vítima, portanto, terá um *piso* de indenização e um *teto* que será obedecido.

Outro instituto decorrente da reparação é o da **compensação dos danos pelos lucros** (*compensatio lucri cum damno*). Assim, o causador do dano que, de alguma forma, tenta diminuir o mal causado, beneficiando a vítima – seja por condutas comportamentais (levar um acidentado de trânsito para o hospital, com ele lá permanecer e pagar todas as despesas médicas), seja com pecúnia, tem o **direito à compensação da representação econômica empregada diante de eventual condenação indenizatória**.

Logo, os benefícios que por consciência ética ou liberalidade o causador tenha feito para com a vítima devem ser descontados do valor indenizatório que eventualmente venha a ser condenado.

## 2.2    Função Compensatória

A função compensatória foi construída a partir do reconhecimento jurídico das indenizações por dano moral. Portanto, a função compensatória pode ser definida como **um juízo de**

**equivalência econômica aos danos extrapatrimoniais**.

Não precisamos gastar muitas linhas para afirmar que a fórmula para tal compensação é *extremamente polêmica e controvertida*.

Existem alguns setores específicos na ciência jurídica que tentam oferecer certo "tabelamento" às indenizações por danos extrapatrimoniais, como na Consolidação das Leis do Trabalho (CLT, especialmente em seu artigo 223-G e seu § 1º, já considerado com a Reforma Trabalhista de 2017) e na antiga Lei de Imprensa (Lei n. 5.250/1967).

Ademais, quando tal "tabelamento" não vem previsto na legislação, a própria jurisprudência trata de fixá-lo, sendo conhecidos e bastante difundidos os valores já – diríamos que – "prefixados" pelo Superior Tribunal de Justiça, como R$ 18.000,00 (dezoito mil reais) para erro médico e R$ 10.000,00 (dez mil reais) para protesto indevido, dentre outros.

Seria, portanto, necessário que tais valores fossem predeterminados de forma objetiva para *todos* os casos (se isto fosse possível)? E como fica a análise do caso concreto e a autonomia privada das partes?

Não é à toa que muitas vezes se tem a sensação que o direito penal, por fixar critérios mais claros para a conduta do agente e da violação ao bem jurídico, com penas mínimas e máximas, parece ser mais *justo* e *seguro* do que o campo civil, ainda que muitos o critiquem.

Para que se evite deixar à sorte do Judiciário o cálculo indenizatório, algumas ferramentas podem ser usadas pelas partes. Uma delas, já examinada no volume em que trabalhamos no direito das obrigações, é a convenção de cláusula penal para os casos de responsabilidade civil *contratual*.

Entretanto, para a responsabilidade civil **extra***contratual* (também chamada de **aquiliana**), a alternativa mais segura é o bom embasamento probatório das circunstâncias, evitando-se a mera alegação quando se pode melhor *ilustrar* o caso para o magistrado, ou ainda decisões judiciais anteriores.

Por exemplo, em caso de ação indenizatória contra uma companhia aérea por atraso de voo, por que não juntar no processo fotografias das condições precárias e desconfortáveis vivenciadas nos aeroportos, ao invés apenas de se meramente pedir o máximo com base na pura argumentação? Ou ainda, quando se compra um produto pela internet e o mesmo não é entregue, por que não demonstrar que aquele bem se destinava a presentear uma pessoa querida, que ficou frustrada? Ou, por fim, por que não demonstrar ao juiz que a linha telefônica indevidamente cancelada prejudicou a imagem do profissional, juntando "prints" (*screenshots*) de pessoas preocupadas ou aborrecidas com o seu "sumiço"?

Tudo é questão de prova, razoabilidade e adequação disto aos julgados anteriores. O que às vezes dá causa a críticas muitas vezes exageradas sobre a suposta "indústria do dano moral" é o pedido (e consequente arbitramento) de pedidos aleatórios de indenizações **como se todas as patrimoniais fossem in re ipsa** (presumidas), o que nem sempre ocorre ou assim é entendido pelo juiz.

Em termos legislativos, o Código Civil, em seu artigo 186, determina que a compensação do dano extrapatrimonial deverá ser casuisticamente observada; logo, é a própria lei que remete ao magistrado sua avaliação.

Em outra ponta, os artigos 944 (em seu parágrafo único) e o 945 também do Código Civil trazem certas exceções à compensação do dano extrapatrimonial com dinheiro.

No primeiro caso (art. 944, parágrafo único), o Código dispõe que se houver excessiva desproporção entre a gravidade da culpa e o dano, o juiz poderá reduzir, equitativamente, a indenização (como já é feito pelos tribunais e em especial pelo STJ). Logo, **ainda que seja *justa*, se o valor da indenização for muito elevado, poderá ser reduzido**. Logo, a **restituição *poderá* não ser**

**"integral"**.

Um exemplo é, mais uma vez em situação de acidente de trânsito, se os danos causados sejam ao rosto do modelo mais bem pago do mundo, por um motorista que mal tem dinheiro para pagar as prestações de seu veículo. Ainda que os danos estéticos e/ou morais (sem se considerar os patrimoniais) sejam de dezenas de milhões, dificilmente a indenização superará a causa de algumas centenas de reais, muitas vezes ganhando ares de valor um tanto quanto simbólico.

Ademais, o patrimônio do ofendido não pode funcionar como parâmetro preponderante para o arbitramento do dano extrapatrimonial, como aduz o Enunciado n. 588 da VII Jornada de Direito Civil. Logo, um funcionário da limpeza, por um mesmo tipo de dano, não pode receber menos que um diretor regional, pela diferença de salário recebido entre ambos, embora encontremos, às vezes, algumas incoerências neste cálculo ora na legislação, ora na jurisprudência.

Quanto à *culpa*, o direito civil adota a do tipo *lato sensu*, ou seja, a culpa geral, que abrange tanto o dolo quanto as situações de negligência, imperícia e imprudência. O cálculo decorrente do arbitramento vai levar em consideração o seu grau e, ainda, se houve intenção ou não. Mais uma vez, o parâmetro é judiciário, mediante os critérios desenvolvidos na doutrina e na jurisprudência (e, em alguns casos, na legislação, como ocorre na seara trabalhista após a reforma de 2017). Sobre isto, vide o Enunciado n. 458 da V Jornada de Direito Civil.

Um aspecto fundamental desta função analisada é que as **culpas não se compensam**, conforme previsão tanto do artigo 945 do Código Civil, como do Enunciado n. 630 da VIII Jornada de Direito Civil.

Assim, caso a vítima também tenha "culpa no cartório" (como se diz popularmente), mas, em termos técnicos, que concorreu para a atitude do sujeito (em um caso de acidente de trânsito, estava um tanto quanto distraída mexendo no celular), deverão ser observados alguns critérios: a) Diminuição do *quantum* da reparação do dano causado; b) o percentual de agir de cada conduta sobre o resultado.

## 2.3    Função Sancionatória

De logo advertimos o leitor que a **função sancionatória ou punitiva** nem sempre é reconhecida de forma autônoma pela doutrina e pela jurisprudência, porque muitos entendem que estaria englobada na própria função compensatória do dano, manejada de acordo com o *quantum* de indenização que foi arbitrado.

Outros ainda entendem que a função sancionatória seria somente pautada no direito penal, trazendo diversos aspectos garantistas inclusive para que o acusado (o ofensor) não seja punido além de critérios previamente estabelecidos. Lembre-se que no direito penal temos princípios como os da legalidade (e sua variante mais estrita, a tipicidade) como garantidores de se evitar uma punição muito elevada para o causador de um mal, podendo, muitas vezes, o direito civil, pela sua falta de critérios mais precisos, acabar sendo mais gravoso que o penal.

A função punitiva da responsabilidade civil advém da teoria dos *punitive damages* do direito anglo-saxão e encontra resistência em nossa ciência justamente por se opor à *restitutio in integrum*, já trabalhada, sendo este o princípio expresso em nossa legislação, como deve ser lembrado o artigo n. 944 do Código Civil, que diz que "a indenização mede-se pela extensão do dano").

Apesar disto, o Enunciado n. 379 da IV Jornada de Direito Civil não afasta a possibilidade de se reconhecer a função punitiva e pedagógica da responsabilidade civil. Acaba ocorrendo, com maior frequência, em campos do direito, como o trabalhista e especialmente no consumerista quando se tem uma significativa **diferença nos portes, patrimônio e potencial de dano e grau**

**de vitimazação, quando comparados o ofensor e o ofendido**.

Um banco que desconta indevidamente valores de natureza salarial da conta-salário do empregado lhe causa um *grande mal* e, assim, a mera restituição *in integrum*, até mesmo pelo tempo em que tais julgamentos se arrastam na Justiça, poderia encorajá-lo a adotar a mesma prática abusiva contra outros diversos consumidores. Logo, a função punitiva poderia funcionar como um "freio" para tais condutas.

Visando contornar este problema, há posicionamento de parte da doutrina para que o aspecto de restituição seja destinado à vítima, mas o caráter punitivo siga para uma instituição de caridade ou defensora de direitos do cidadão daquela categoria. Entretanto, esta escolha do magistrado, embora razoável e até mesmo justa – para não dizer ética – poderia também lhe trazer alguma "dor-de-cabeça", em razão da escolha da instituição destinatária da parcela punitiva. A vítima, através de seus advogados, poderia querer fazer uma "devassa" na vida do magistrado, para saber se há algum tipo de conexão ou interesse supostamente escuso naquela escolha... e se diz que "quem procura, acha". Logo, podem entender que porque o magistrado, enquanto pessoa, faz doações de cestas-básicas, está dando alguma vantagem indevida. O campo argumentativo é vasto e criativo, bem como os perigos dele decorrentes.

Por isto é que, em tais casos de danos coletivos, é bastante recomendável que o juiz envolva a participação do Ministério Público ou da Defensoria Pública, havendo disposição expressa no Código de Processo Civil (art. 139, inciso X do CPC) quando perceber que a questão diante da qual se apresenta tem potencial para causar danos a sujeitos além dos envolvidos no processo.

Outro problema de natureza técnica está no princípio da adstrição a que a sentença deve ter. Se o autor (individual) da ação *não* fizer tal pedido, poderia o juiz simplesmente condenar o acionado em danos punitivos e, ainda que chamando o Ministério Público ou a Defensoria Pública, envolvê-los na demanda? Entendemos que o juiz pode continuar convocando tais entes, porém em momento processual ainda inicial, sob pena de incidir em julgamento *extra petita*, conforme artigo 492 do Código de Processo Civil.

Na *prática* percebemos que os juízes acabam aplicando os danos punitivos por "linhas tortas": não aplicam indenizações tão elevadas, mas afirmam que as mesmas têm caráter "compensatório-punitivo". Por não serem tão elevadas, esvaziam argumentos mais fortes contrários aos danos punitivos; por outro lado, por não serem tão módicas, acabam por satisfazer a parte vitimada e também seu advogado.

O estudo é vasto e merece uma análise específica, como já fizemos, e certa medida, em nossa dissertação de mestrado, mas que exorbita este manual de finalidade didático-acadêmica.

## 2.4     Preventiva

A função **preventiva** está bastante associada à punitiva, mas tem por propósito fazer com que o ofensor repense suas atitudes, para que não venha a recair em reincidência com outros casos. Tomada em sentido estrito, a função *sancionatória* se refira àquela situação *in concreto* apresentada, a preventiva se destina a casos futuros, para que não mais cause danos semelhantes a outrem.

Apresenta, portanto, as mesmas controvérsias já apontadas pela função sancionatória/punitiva, merecendo aqui ser aplicadas as mesmas considerações já feitas.

Some-se a isto a um juízo de *probabilidade* de reiteração daquele dano. Logo, considerando que o juiz a aplique, é preciso que o faça diante de agentes que efetivamente possam reincidir. Encontra algum lugar diante de pessoas jurídicas (em especial diante de grandes litigantes na esfera do direito do consumidor, que têm contra si ajuizado grande número de ações por violações a direitos), mas não pode ser aplicada para alguém que agiu ou apenas atuou isoladamente (como no acidente de trânsito já exemplificado, por exemplo).

É **ainda mais problemática para ser aplicada** do que a própria sanção punitiva e é recomendável que o magistrado fundamente as razões de sua decisão com base estatística ou numérica, para tornar sua sentença mais eficaz e menos passível de reformas em instâncias superiores.

## 2.5    Socialização Do Risco E Do Dano

Por fim, é preciso traçar algumas linhas sob a nova percepção da responsabilidade civil, que é o surgimento da teoria da **socialização dos riscos e dos danos**. Logo, tem como pressuposto a função social do direito, para que os riscos – e os danos – sejam distribuídos por toda a sociedade, evitando-se que a vítima possa não ser indenizada.

Traz situações em que os danos são ressarcidos independente da origem, como nos casos do "risco social", através do pagamento de prestações assistenciais pelo Seguro Social (INSS) e o próprio pagamento do seguro obrigatório (DPVAT), tradicionalmente compulsório (embora com revezes de retirada deste caráter conforme os percursos políticos do país).

Existem diversas críticas para esta socialização dos riscos e dos danos, pautadas no encarecimento do custo de vida e nem sempre na correspondente satisfação adequada da vítima. O próprio DPVAT, em sua lei (n. 6.194/74 e suas atualizações) traz suas incoerências, como o tabelamento de valores como de R$ 13.500,00 (treze mil e quinhentos reais) para resultado morte e R$ 2.700,00 (dois mil e setecentos reais) para compra de remédios. E se os custos forem maiores que estes? De qualquer sorte, recolheu-se o pagamento de todas as pessoas, mas quando a vítima necessita, além da burocracia que tem de enfrentar, nem sempre o valor que recebe é satisfatório.

Por estes motivos, a obrigatoriedade do pagamento do DPVAT é objeto de críticas e, a depender da vigência da lei (e do momento que o caro leitor estiver lendo este livro) pode estar em vigor ou não.

Voltaremos a estas considerações em seções adiante.

# 03 – PRESSUPOSTOS (OU ELEMENTOS) DO DEVER (OU OBRIGAÇÃO) DE INDENIZAR

## 3.1 Introdução

Os pressupostos ou elementos do dever de indenizar são os requisitos que devem ser verificados no caso concreto para que um agente seja imputado a reparar civilmente o mal cometido contra outrem. Apesar de haver um reconhecimento da existência de tais elementos, a doutrina e a jurisprudência apresentam variação quanto a quais deles são essenciais e quais são acessórios para efeitos de majoração do dano ou caracterização de um tipo específico de responsabilização.

Normalmente – e é assim como a maioria dos pensadores se posiciona – entende-se que há três elementos: **conduta (ato) ilícito(a); dano e nexo causal.** Outra parcela ainda prefere trazer a **<u>culpa</u>** como quarto elemento, embora tal caracterização seja problemática em termos de teoria geral quando nos depara-mos com a responsabilidade objetiva.

Outro ponto a ser também considerado é que o **dano nem sempre é perceptível** ou necessita ser demonstrado, como é o caso do dano moral, especialmente quando na sua modalid-ade *in re ipsa* (presumido), muito frequente em relações de con-sumo. Na mesma esteira, também são encontrados problemas em se considerar o ato ilícito como algo passível de *efeitos* na esfera cível, a depender de como o caracterizemos na estrutura geral dos fatos jurídicos em sentido estrito (vide, para isto, nosso volume sobre a parte geral do Código).

Talvez, de todos os elementos, o **nexo causal seja o elemento menos controvertido**, porque é o que vai ligar o mal sofrido por uma vítima a um ato praticado por alguém. Mesmo assim, não está isento de problemas na aplicação, sobretudo pelas situações em que se reconhece a *exclusão* ou *rompimento*, como em eventos externos (caso fortuito, força maior, culpa exclusiva da vítima...).

Diante de tantas controvérsias, é preciso considerar que tais elementos são um tanto quanto *fluidos*. Em discussões mais profundas (teses jurídicas, questões dissertativas etc.), é possível perquirir maiores indagações, **mas**, diante de perguntas e re-spostas mais objetivamente formuladas – como em testes de múltipla escolha – o caminho mais seguro é que nos baseemos – ao menos como ponto de partida – nos *escassos* dispositivos sobre o tema presentes no Código Civil.

Assim, trabalharemos neste manual o que for consenso doutrinário, legislativo e também jurisprudencial, voltando a fazer as considerações excepcionais no momento adequado.

## 3.2 Previsões Normativas Expressas Presentes No Código Civil

O artigo 186 do Código Civil, ao tratar dos atos ilícitos, assim os define: "Aquele que, por ação ou omissão voluntária, negligência ou imprudência, violar direito e causar dano a outrem, ainda que exclusivamente moral, comete ato ilícito".

Neste dispositivo, portanto, são conjugados os elementos (ou pressupostos) de verificação do ato ilícito, que pode ocorrer por uma ação ou omissão, seja ela *voluntária*, seja *involuntária*, mas – neste caso! – permeada por falta do dever de cuidado, mencionadas pelo Código como a negligência e a imprudência. Ambas condutas **têm de ser aptas a gerar um dano**, pelo que o código **expressamente considera como tal também o de natureza moral** (ceifando, de uma vez por todas, os negacionistas de tal vertente).

Num outro giro, temos de navegar até o artigo 927, que diz que "aquele que, por ato ilícito (arts. 186 e 187), causar dano a outrem, fica obrigado a repará-lo".

Então, no **primeiro passo**, o examinador tem de verificar se a conduta se amolda no conceito de ato ilícito (art. 186) e, depois, determinar sua reparação (art. 927).

De logo, já podemos fazer algumas considerações. **Já dissemos** que o Código considera como atos passíveis de gerar danos tanto condutas voluntárias quanto, dentre as voluntárias, aquelas ocasionadas na falta de um dever de cuidado (exemplificadas como negligência ou imprudência, mas não há qualquer problema de aqui também incorporarmos outras, a exemplo da imperícia).

Um **segundo ponto** é que o Código determina que a indenização (conjugação dos artigos 186 e 927) somente existirá se o dano for causado *a **outrem***, a outra pessoa. Logo, não há de se falar, pela interpretação puramente literal e sistemática do Código, em indenização quando o dano for causado *à própria pessoa*.

Também aqui vale a pena relembrar, como dissemos no capítulo anterior, a posição do Código pela via apenas da reparação/compensação do dano, o que vai exigir do árbitro da indenização que a aplique de forma proporcional e razoável.

Um **terceiro aspecto** é o emprego da expressão *obrigado a* indenizar. Por isto, entendemos que o *dever* que todos nós temos, como conviventes de uma sociedade civilizada e democrática, é de não violarmos direitos de outrem. Entretanto, a **resposta civil** é o surgimento de um **vínculo obrigacional** entre o causador do dano e a vítima.

Talvez o leitor não consiga perceber, neste momento, a ênfase que estamos conferindo à diferença entre *dever* e *obrigação*, mas como dissemos no capítulo próprio do volume "Direito Civil – Obrigações", a diferença entre ambos reside na **afetação patrimonial que somente o vínculo obrigacional** pode ocasionar, diferentemente do dever, que pode ou não ter este fim. Por exemplo, se violarmos o *dever* de não matarmos alguém, matando uma pessoa, nossa sanção não será, *a priori*, patrimonial, mas sim o cumprimento de uma pena privativa de liberdade prevista no Código Penal. Recomendamos que o leitor, se assim desejar, consulte o capítulo próprio sobre o tema no volume específico de "Direito Civil – Obrigações" desta nossa coleção.

Também precisamos considerar que o artigo 927 carece de melhor técnica, ao usar a expressão "ato", mas sem exagerarmos na problematização, talvez possamos ficar em paz com o dispositivo em entendê-la como *conduta* (e, provavelmente, o legislador civilista evitou usar tal termo para que não houvesse tantas aproximações com o direito penal).

Entretanto, há de se citar passagens do próprio Código em que uma pessoa tem de indenizar outra mesmo *em situações em que não há vontade humana*, como ocorre no caso do artigo 1.251, que diz, ao tratar da **avulsão**: "quando, por força natural violenta, uma porção de terra se destacar de um prédio e se juntar a outro, o dono deste adquirirá a propriedade do acréscimo, se **indenizar** o dono do primeiro" (os grifos são nossos).

Outro exemplo de surgimento da obrigação de indenizar está no dano causado por menores de 16 anos, que é imputável aos pais ou responsáveis (que, seguramente, não tiveram qualquer *vontade* na prática do ato do seu filho/tutelado/menor sob guarda).

Um terceiro exemplo está no próprio artigo 936, que determina o dever de indenizar ao dono do animal que causar dano a outrem. Não se pode falar sequer em *culpa in vigilando* (que será melhor detalhada em capítulos à frente), porque esta tem apenas lugar na fiscalização de uma pessoa sobre a conduta de outra pessoa, não sobre um animal, cujos componentes volitivo e cognitivo são (ainda, pelo menos), irrelevantes para o direito.

Assim, conjugando os artigos 186 e 927 do Código Civil, podemos concluir que são **três os elementos (ou pressupostos) da obrigação da indenizar: a) ato ilícito; b) dano; c) nexo de causalidade**.

Quanto à culpa, esta não estaria entre os pressupostos, simplesmente porque embora venha traçada no artigo 186, no parágrafo único do artigo 927 temos a sua expressa dispensa, quando está dito: "Haverá obrigação de reparar o dano, **independentemente** de culpa, nos casos especificados em lei, ou quando a atividade normalmente desenvolvida pelo autor do dano implicar, por sua natureza, risco para os direitos de outrem" (os grifos são nossos).

Então, a culpa não é um elemento comum à obrigação de indenizar, pela previsão expressa da responsabilidade objetiva em razão do risco assumido na conduta do autor.

Por isto, preferimos falar, ao invés de *culpa*, mas em **imputação**, de forma semelhante ao que ocorre no direito penal, em que determinada conduta é *imputada* a alguém.

Neste sentido e, finalmente, há **atos lícitos que também geram a obrigação (i.e. *dever*) de indenizar**. É o caso do **abuso de direito**, trazido expressamente no artigo 187 do Código, que aqui novamente é citado: "Também comete ato ilícito o titular de um direito que, ao exercê-lo, **excede** manifestamente os limites impostos pelo seu fim econômico ou social, pela boa-fé ou pelos bons costumes".

Portanto, ainda que a pessoa exerça um direito, **abusa** (exagera) no seu exercício, de modo que acaba por interferir indevidamente na vida de outrem. Conta a doutrina que a teoria do abuso do direito começou a ser esboçada quando, na França, um proprietário de terra, incomodado com os aviões, pretendia construir vigas tão altas que perturbassem o seu voo.

A teoria do abuso do direito, portanto, traz como mesma consequência que os atos ilícitos (dever ou obrigação de indenizar) para aqueles que no devido legítimo de sua prerrogativa, **os executa de maneira egoísta, em violação aos princípios vetores do Código Civil, dentre eles a boa-fé objetiva, os fins economicamente adequados e os bons costumes**.

## 3.3. Considerações Finais

Pelo quanto exposto, entendemos que são pressupostos da obrigação (preferimos usar esta expressão, ao invés de *dever*) de indenizar a um **a) ato imputável** (em substituição ao "ato ilícito", abarcando, portanto, os atos a priori lícitos, como os praticados no abuso do direito); **b) nexo causal** e **c) dano** (ainda que moral ou presumido).

No próximo capítulo vamos aprofundar um pouco mais as considerações sobre o ato ilícito, incluindo a concepção de culpa para o direito civil.

# 04 – A CONDUTA IMPUTÁVEL NA RESPONSABILIDADE CIVIL

## 4.1 Introdução

Em linhas gerais, abordamos nos capítulos anteriores que os requisitos da reponsabilidade civil são uma conduta, o nexo causal e um resultado, de modo que também tocamos na possibilidade sua aplicação objetiva, em que a análise da culpa é dispensada.

Entretanto, retornando ao artigo 186 do Código Civil, observamos que a regra adotada pelo legislador pátrio é o da responsabilidade *com* culpa, sendo adotada apenas em caráter excepcional a teoria do risco (responsabilidade objetiva). É chegado o momento, portanto, de analisar o que o código entende por *culpa*, como pode ser identificada, medida e que reflexo terá sobre a indenização paga à vítima.

## 4.2 Culpa

O Código Civil adota a culpa em sentido amplo (*lato sensu*), o que abrange – em comparação com o direito penal – tanto as condutas intencionalmente ilícitas – dolosas – quanto aquelas em que faltou ao agente a obediência ao dever geral de cuidado. E, diferentemente do que ocorre no direito penal, a culpa civil é mais *abrangente*, sendo um tanto quanto irrelevante se o mal que provocou foi intencional ou oriundo de um descuido.

No ângulo civil, a culpa é vista sob a *censurabilidade* da conduta, tomada com parâmetros sociais, como probidade, ética, moral, boa-fé, dentre outros. É famosa a analogia do *bonus pater famílias* ("bom pai de família") do direito romano, extensamente aplicada na jurisprudência portuguesa. No Brasil, porém, prefere-se o uso de outra figura ideal, a do "homem médio"; ou seja, a idealização do padrão de comportamento de uma pessoa *mediana* diante de uma certa situação que lhe é apresentada. Trata-se de apenas um parâmetro, uma medida e que também nem sempre é aplicada em outros ramos jurídicos que dialogam com a responsabilidade civil, a exemplo do código de defesa do consumidor, que coloca a todos nós *consumidores* como em uma posição mais fragilizada de entendimento, a presumida vulnerabilidade.

O conceito do "homem médio" foi muito difundido na aplicação das sanções decorrentes da responsabilidade civil especialmente na vigência do Código Civil de 1916, mas com a entrada em vigor do diploma de 2002, preferiu-se substitui-la (ou adaptá-la) a outra, que é a da **conduta à luz da boa-fé objetiva**. A pessoa que age com boa-fé objetiva não precisa ser *exemplar*, mas tem de adotar um comportamento **probo, honesto, prudente e evitar causar danos a outrem**. Este é o parâmetro mais seguro para relações pautadas no direito civil.

## 4.3 Dolo E Culpa

Inicialmente, cabe advertir o leitor de que o dolo aqui tratado **não é o defeito dos negócios jurídicos** já trabalhado na parte geral, mas sim uma caracterização da culpa *lato sensu*.

Assim, a culpa civil, tomada em sentido amplo (*lato sensu*) divide-se em dolo e em culpa *scricto sensu* (em sentido estrito).

Entretanto, para fins de imputação do sujeito, **é indiferente se agiu com dolo ou culpa *em sentido estrito***: deverá – salvo algum excludente – indenizar a vítima. Somente a título de comparação, no direito penal todos os crimes são *dolosos*, de modo que a legislação precisa ser *expressa* ao admitir a figura culposa (como ocorre nos crimes de lesão corporal e homicídio).

Já no direito civil, a diferença entre o dolo e a culpa *em sentido estrito* está na gradação da indenização e, talvez, em algum tipo de obrigação acessória (de dar, fazer ou não fazer) também determinada, como a aplicada a um veículo de imprensa que republique uma reportagem recebida como difamatória com as devidas correções, ou um pedido de desculpas.

Igualmente, há outro brocardo jurídico que traduz a equivalência entre o dolo e a culpa civis, que é o *culpa lata dolo aequiparatur* ("a culpa se equipara ao dolo").

O curioso é que em **sentido oposto** ao direito penal, no direito civil **a legislação precisa ser expressa para diferenciar as consequências do dolo e da culpa**; caso contrário, bastará a culpa. Assim, teremos o artigo 353 do Código Civil, que determina que se o devedor desejar imputar o pagamento de uma dívida, não poderá depois reclamar, salvo **se provar que sofrera violência ou dolo**, embora **entendamos que o dolo aqui citado se aproxime do defeito do negócio jurídico**, não do "dolo" enquanto uma culpa agravada.

Outro exemplo está no artigo 393, que diz "nos contratos benéficos, responde por simples culpa o contratante, a quem o contrato aproveite, e **por dolo** aquele a quem não o favoreça..." (os grifos são nossos).

Falando-se agora sobre a culpa **em sentido estrito** (*stricto sensu*), o Código prevê expressamente a imprudência e a negligência, mas, esparsamente, também a imperícia, pelo que as três serão tratadas. Perceber-se-á que seus conceitos são muito próximos do direito penal, pelo que não nos preocuparemos em fazer exagerados detalhamentos, até porque a ciência penal é muito mais rica de exemplos do que o direito civil, admitamos.

Assim, por **imprudência** teremos uma **conduta comissiva com incremento do risco** pelo agente. É o caso do motorista que dirige alcoolizado e, assim, assume o risco dos acidentes com os quais venha a se envolver, contra pessoas, animais ou coisas em geral.

Por **negligência** temos uma **conduta omissiva, passiva**. É o caso do motorista que deveria fazer a manutenção do seu veículo, incluindo os freios, mas assim não age, envolvendo-se em um acidente. Saliente-se que **essencial a prova da omissão específica** e não da genérica, porque não podemos nos responsabilizar pelo acaso. Neste exemplo, haveria uma **manutenção programada** do veículo em época de revisão ou ainda, para um veículo usado, o dever de cuidado antes de fazer uma viagem; não é possível, por razoabilidade, compreender que devesse proceder desta forma a cada vez que saísse de sua casa, sendo imputado por uma falha mecânica em seu freio se, dentro da **razoabilidade** estivesse com tudo funcionando em dia.

Ainda sobre a negligência, é preciso provar se **o agente, caso tivesse adotado a prática contrária,** teria evitado o dano; se o dano ocorresse de qualquer forma, não há que se falar em imputação.

Já a **imperícia** é relacionada a atividades técnicas, principalmente da pessoa que age sem a devida qualificação ou treinamento adequado para a conduta. **Pode ser aplicada inclusive para profissionais habilitados**, como o do advogado que não tem experiência com determinado tipo de causa e leva seu cliente à ruína, não o advertindo anteriormente de sua condição, ou ainda do médico sem especialização que realização procedimentos invasivos.

## 4.4 Outras Classificações Da Culpa

Quanto à atuação do agente, a culpa é classificada em *in committendo*, que é a conduta positiva, ativa, ou ato comissivo, como no acidente de trânsito provocado por um motorista que ultrapassa o sinal de trânsito. Já a culpa *in ommitendo* é aquela ocasionada pela omissão, pela falta de iniciativa, como no caso do dono de cachorro feroz que sai para passear com o mesmo sem focinheira ou coleira e acaba mordendo alguém.

Quanto à forma de atuação do agente, temos a *culpa in elegendo*, que é a falta de acerto na escolha do preposto, representante ou empregado, ou ainda na falta de controle sobre os bens utilizados em determinada atividade. Assim, o tomador de serviços (seja empregador, seja contratante de empreiteiros) pode ser imputado por atos causados pelo seu contratado.

Por outro lado, temos a *culpa in vigilando*, que é a falta de cuidado ou fiscalização do responsável por bens ou pessoas, que ocorre no caso dos pais em relação aos atos causados pelos filhos menores. Semelhante a esta temos a *culpa in custodiendo*, em que há falta de atenção e cuidado nas coisas sobre custódia, como um veículo que é deixado parado mas sem o freio de estacionamento acionado e causa danos em outrem, ou no próprio exemplo do cão, acima descrito.

Quanto aos **graus**, a culpa pode ser classificada como **grave** ou *lata*, marcada pela inobservância crassa e imperdoável das regras comuns em certas condutas, como a condução de um veículo embriagado; **leve** ou **média**, que é a falta evitável com atenção comum e esperada, como a de um motorista que faz ajustes em seus retrovisores enquanto dirige e provoca acidentes, ou ainda a **levíssima**, aplicável pelos mesmos critérios abstratos anteriores, mas com danos muito pequenos ou pouco relevantes, porém suficientes para imputação (um leve abalroamento no para-choques do automóvel à dianteira).

A gradação da culpa é relevante para efeito de **ajuste no _quantum_ indenizatório**, seja para majorá-lo, seja para reduzi-lo, conforme artigo 944, parágrafo único, do Código Civil.

Também se deve novamente relembrar a construção já trazida no Enunciado n. 457 da V Jornada de Direito Civil da Justiça Federal, em que _ainda que_ a reparação não seja integral, é possível sua redução equitativa, porém **excepcional**, pela reduzida capacidade patrimonial do agente.

O Enunciado n. 380, da IV Jornada, orienta-se no mesmo sentido, embora esclareça que **não se aplica à responsabilidade objetiva**, justamente porque esta se baseia na **teoria do risco**, em que a **culpa não é analisada**. É preciso se atentar a esta importante distinção!

Embora pareça, _a priori_, que fosse possível, mas o juiz **não pode majorar a indenização** se **o dano for pequeno, ainda que a culpa seja grave**, porque é o dano que serve de parâmetro para análise da culpa e não o contrário. Aceitar esta hipótese seria o equivalente à aplicação irrestrita dos **danos punitivos no Brasil, não completamente aceito**, como já analisamos.

Portanto, o **dano é o pressuposto central** da responsabilidade civil e, em razão disto, será analisado em capítulo próprio, a seguir.

# 05 – O DANO

## 5.1 Introdução

O dano é o pressuposto central da responsabilidade civil, podendo ser perceptível na esfera concreta (como um dano físico, patrimonial ou ainda o estético) e até mesmo envolvendo a lesão aos direitos da personalidade de alguém ou sua psiquê (dano moral).

Diferentemente do que ocorre com o direito penal, no direito civil não apenas os atos ilícitos são pressupostos indenizáveis para o dano, mas também os próprios atos lícitos, como já analisado quanto à responsabilização pelo abuso do direito.

No presente capítulo vamos analisar as diversas variáveis que compõem a verificação, a classificação e as consequências dos diversos danos causados às vítimas.

## 5.2 O Dano Patrimonial

O dano patrimonial é o perceptível quando analisada a perspectiva econômica do fato. Pode ocorrer tanto quando houve um decréscimo patrimonial ou quando contribui para que o patrimônio da vítima deixe de ter acréscimo esperado caso a conduta do causador não tivesse acontecido.

Se o dano for **atual, decorrente de prejuízos**, é denominado por dano patrimonial **emergente**; se, por outro lado, apresentar um decréscimo futuro, é denominado de **lucros cessantes**. São tais **consequências patrimoniais que são extraídas, em primeira análise, do instituto das** *perdas e danos*, **presente no artigo 402 do Código Civil**, pelo descumprimento das prestações obrigacionais.

E, mais uma vez, é necessário lembrar que o **dano patrimonial precisa ser comprovado, seja na modalidade emergente, seja na de lucros cessantes**, como se extrai do artigo 944 do Código Civil.

Em caso de acidente de veículos, por exemplo, *a priori* a vítima tem direito apenas ao dano emergente de reparo ao seu veículo, mas não por lucros cessantes em razão de sua não utilização, *a não ser* que seu veículo também seja instrumento de trabalho, como ocorre com os taxistas e motoristas de aplicativos. E, quanto aos lucros cessantes, a *projeção* dos danos futuros precisa ser calculada em parâmetros objetivos e demonstrados, como a média dos últimos meses de faturamento, em condições equivalentes, para que se evite o enriquecimento sem causa.

O dano patrimonial é amparado pelo princípio da **boa-fé objetiva**, plasmada na violação dos deveres laterais da conduta do agente e na sua confiança. Sob o ângulo contratual, abrange não apenas sua execução, mas também as etapas negociação (**dano pré-contratual**) e também após a finalização do negócio (**dano pós contratual**). Logo, **ainda que o contrato esteja terminado**, admite-se sua responsabilidade posterior.

Esta teoria tem grande importância em diversas áreas. No direito do trabalho, o empregado que teve seu vínculo laboral rescindido tem o direito de receber do seu ex-empregador os documentos e informações essenciais à sua permanência, a exemplo do informe de rendimentos para fins de declaração do imposto de renda, configurando responsabilidade pós contratual o ex-empregador que se nega a fornecer tal documento fiscal quando requerido pelo ex-funcionário no exercício posterior, quando tem de informar à Receita Federal os seus rendimentos.

Outra aplicação se dá no campo do direito do consumidor para produtos que "misteriosamente" apresentam defeitos *logo após* o fim do prazo de garantia, ou quando o fornecedor tira de circulação peças de reposição, ou ainda quando se nega a oferecer serviços de reparos *impondo* ao consumidor uma "recompra".

Na seara civil *stricto sensu*, um ex-proprietário de um imóvel vendido a alguém tem o dever de fornecer informações relevantes sobre o mesmo, como dados que somente se fazem necessários em situações específicas, como a planta baixa do apartamento para efeito de uma reforma a ser realizada.

Obviamente que não se pode imaginar uma vinculação *ad eternum* das pessoas pelos negócios que faz em vida, mas a razoabilidade da interpretação das situações concretas podem revelar quando uma das partes simplesmente se nega a fazer algo que seria de fácil acesso – ou até mesmo de sua obrigação perante outros órgãos ou entidades, como as informações fiscais de um empregador, diante de um esforço desmedido da outra parte em assim obter os mesmos dados ou documentos.

## 5.3 Dano Economicamente Patrimonial

Optamos por acrescentar a palavra "economicamente" na busca de uma coesão científica com a parcela da doutrina que entende que os direitos de personalidade compõem um patrimônio "não econômico" das pessoas.

Assim, no campo dos direitos patrimoniais, encontramos o **dano moral** e o **dano estético**.

Se sombra de dúvidas, o **dano moral** é o mais polêmico de todos, porque encontra grandes controvérsias na sua identificação, comprovação (quando se faz necessária) e mensuração.

Na busca de uma tentativa de sistematização da ocorrência do dano moral, este é percebido por **exclusão** ao dano patrimonial *em sentido estrito* e ao dano estético (adiante analisado).

É preciso salientar que o dano moral nem sempre foi reconhecido, sendo preciso que a Constituição Federal de 1988 precisasse, em seu artigo 5º, afirmar que a lesão à honra, à imagem e a reputação de outrem (não exatamente com estas palavras) fossem aptas a indenizar a vítima. Por algum tempo, entendeu-se que apenas seriam as hipóteses estritamente previstas na Constituição, além de outras em legislação própria (como na revogada Lei de Imprensa) passíveis de indenização no campo moral.

Todavia, acompanhando a doutrina jurídica e a jurisprudência, o Código Civil de 2002 reconheceu expressamente os direitos de personalidade, em um rol *exemplificativo*, cuja violação, além dos aspectos patrimoniais *estritos*, também poderiam ser objeto de indenização por danos morais.

Logo, a concepção de que os **danos morais decorrem de violação aos direitos de personalidade** – e, por que não dizer, à pretensão de se lesar a dignidade de outrem – foi um considerável avanço às fases negacionistas do referido dano (assim entendida pela dificuldade de sua "comprovação"), limitadora às hipóteses expressas na Constituição e na legislação, bem como daquela em que se exigia um sentimento de constrangimento, humilhação, temor, angústia, dentre outros.

Um exemplo pode auxiliar a compreensão. Suponhamos que uma pessoa tenha um comportamento sexual visto por muitos como "excessivamente" libertário. Esta pessoa pode não ter problema algum com isto, não se *ofendendo* se assim for xingada com os pesados nomes que muitos, em uma perspectiva moralista, considerar-se-iam legítimos para fazê-lo. Entretanto, a conduta de **pretender violar ou diminuir a dignidade de outrem**, ainda que não cause na vítima qualquer abalo psíquico, **torna o agente imputável a indenizá-lo por danos morais**.

O elemento subjetivo e psíquico (sofrimento, angústia, constrangimento... como já citado) entra como um *plus*, um acréscimo indenizatório e não como o deflagrador da obrigação de indenizar.

Esta concepção mais formalista, que tivemos oportunidade de analisar em trabalhos próprios, tem como *vantagem* uma apreciação mais objetiva dos elementos caracterizadores, porém, por sua aplicação ser mais prática, acabou por ser "inflacionada", de modo a que é quase que improvável encontrar em diversas ações judiciais algum autor que *não* tenha pedido indenização por danos morais contra o réu.

Assim é que se deflagrou uma *reação* para limitação de suas hipóteses, o que tem sido objeto de estudos doutrinários, da construção jurisprudencial e também de algumas legislações específicas para algumas áreas (como na Consolidação das Leis do Trabalho após a reforma trabalhista de 2017).

Primeiramente, o Enunciado n. 159 da III Jornada de Direito Civil do Conselho da Justiça Federal plasmou o famigerado e bastante odiado entendimento do "**mero aborrecimento**", ao dispor que transtornos, aborrecimentos e dissabores cotidianos não configuram dano moral indenizável. Na mesma esteira, se o aborrecimento decorrer do prejuízo material, a reparação deste já suplanta aquele.

Outro ponto foi trazido pelo Enunciado n. 411 da V Jornada de Direito Civil, que disse que o mero inadimplemento contratual não é capaz de ensejar indenização por danos morais, **embora** tenha considerado possível sua caracterização se o referido inadimplemento envolver valor fundamental protegido pela Constituição Federal de 1988. Isto é de grande relevância, porque em causas consumeristas é bastante comum pedir danos morais pela não entrega de um produto comprado em sítios eletrônicos, por exemplo. Que valor fundamental teria sido violado? Talvez tenha havido, mas se observa que as petições iniciais não articulam isto da forma apropriada. Assim, uma situação é a compra de um produto escasso e que com muita dificuldade foi encontrado, ou ainda que seria dado de presente para alguém; outra é um produto que pode ser encontrado em qualquer loja e de entrega rápida. Sem dúvida, há o direito a *perdas e danos*, mas nem sempre ao "dano moral".

Ademais, grande utilização dos pedidos de indenização por danos morais se deve à *blindagem* conferida ao pretendente em caso de sucumbência recíproca, em razão da súmula n. 326 do Superior Tribunal de Justiça. Assim, aquele que pede um certo valor em indenização por danos morais e não o obtém por completo (situação de sucumbência recíproca, porque a parte autora deixou de ganhar a totalidade e a parte acionada deixou de ser condenada na totalidade) **isenta** a condenação em honorários de sucumbência, ainda que o Código de Processo Civil tenha determinado que o pedido de indenização por danos morais seja *líquido* e *certo*, inclusive quanto aos danos morais (art. 322, combinado com 292, inciso V, ambos do Código de Processo Civil). E, nos Juizados Especiais Cíveis, a **vedação às verbas sucumbenciais na primeira instância** encorajam as partes a pedirem indenizações por danos morais no teto permitido.

Salientemos, entretanto, que há uma **franca tendência de flexibilização (aumento) das hipóteses de condenação por danos morais**, ganhando relevo, dentre outras, a própria violação à expectativa contratual, dentre outras. Por outro lado, na **legislação trabalhista após a reforma** o dano moral foi severamente desencorajado, porque lá incidem as verbas de sucumbência sobre a diferença entre o que foi pedido sob tal título e não deferido, o que tem sido ponto de grande polêmica.

Seguindo-se adiante, o **dano estético** foi destacado do dano moral, ganhando existência própria e até mesmo possibilidade de condenação cumulativa (Súmula 387 do Superior Tribunal de Justiça, editada em 2009). O dano estético decorre de perda sobre a aparência física do indivíduo (ex. cicatriz indesejada e inesperada, o que exclui cirurgias), perda de membros ou de funções do corpo.

Nesta esteira, a Súmula n. 37 do Superior Tribunal de Justiça, em 1992, já havia permitido a acumulação entre danos patrimoniais e morais. Logo, combinando-se ambas as súmulas, **torna-se possível sua tripla cumulação**, se a mesma conduta afetar diversamente cada uma das citadas esferas da pessoa.

Há ainda outras construções jurídicas em desenvolvimento, visando, evidentemente, mais acumulações, como a dos **danos patrimoniais indiretos** (evitando se destacar dos danos morais e com ele se cumular, além de buscar evitar os cálculos de lucros cessantes, como seria o caso de um influenciador digital que é acusado em *fake news* de um fato grave e, além de perder contratos, vem a perder outros, ainda indeterminados). Outra teoria que tem tentado ganhar espaço é a do **dano existencial**, construída no campo do assédio moral trabalhista, quando o empregado perde sua paz e sossego no convívio com a família pelo excesso de demandas impostas pelo empregador.

Por fim, nenhuma dessas figuras se confunde com o **dano em ricochete ou reflexo**. Não se trata de uma *hipótese* diversa de dano, mas dos efeitos subjetivos sobre **outras vítimas** que não a diretamente molestada pela conduta do agente. O dano em ricochete foi reconhecido pelo Enunciado n. 560 da VI Jornada de Direito Civil, tendo lugar, por exemplo, quando uma pessoa é vitimada em um acidente, mas toda a sua família, em *ricochete*, tem de se revezar para cuidar do parente convalescido. Quanto à espécie, o dano em ricochete pode ser patrimonial ou moral (talvez haja certa dificuldade em se imaginar o estético, porque é mais próprio do dano direto), mas o que importa é a cadeia de vitimados de uma mesma conduta.

No Código de Defesa do Consumidor, o artigo 17 traz uma hipótese legal do dano em ricochete, que é a do **consumidor por equiparação**, assim considerado como toda e qualquer vítima de um evento, mesmo que não tenha relação de consumo com o fornecedor. É o caso de quem recebe ligações de cobrança por todo o dia, porém destinadas a uma *terceira* pessoa.

## 5.4 Considerações Finais

Como se verificou, o elemento **dano é o central da responsabilidade civil** e além das figuras já consolidadas (moral, material e estético), bem como suas modalidades (direto ou em ricochete), há espaço para a construção de novas figuras ou de outras hipóteses de aplicação dos já reconhecidos.

Trata-se de um tema que merece atenção e atualização constantes do intérprete, porque depende de que uma certa tese demonstre a adequada coerência e "emplaque" junto ao Poder Judiciário, mostrando-se distinta das anteriores, com o desafio de superar os preconceitos de se considerar como um "caça-níqueis" ou "indústria do dano moral".

De forma alguma estamos enxergando de maneira negativa que tais novas teses sejam desenvolvidas, mas a preocupação se destina à coesão de todo o sistema desenvolvido, que acaba por recair em uma certa *loteria* judiciária, em que há magistrados que aplicam uma ou outra concepção de danos, diversa do que verificada em instâncias superiores. Portanto, exige-se razoabilidade e fundamentação de todos os sujeitos participantes, sejam os postulantes, sejam os membros do próprio Poder Judiciário.

# 06 – O NEXO DE CAUSALIDADE

## 6.1 Introdução

O nexo de causalidade é a investigação da origem do dano provocado pelo ato ilícito, sendo o liame (ou ligação) entre os dois.

Assim como ocorre com a análise do mesmo instituto no direito penal, no campo da responsabilidade civil existem diversas teorias que tentam explicar como se manifesta o nexo de causalidade. Se adotarmos o que dispõe o artigo 403 do Código Civil, vislumbraremos a adoção da **teoria do dano direto e imediato** ("as perdas e danos só incluem os prejuízos efetivos e os lucros cessantes por efeito dela *direto e imediato*); se, por outro lado, observarmos o artigo 944 do mesmo diploma, acabaremos por nos deparar com a **teoria da causalidade adequada** ("a indenização mede-se pela extensão do dano").

Apesar de existirem divergências sobre qual teoria é a mais adequada para a *aplicação* da responsabilidade civil, há um certo consenso quanto às **teorias que *não* devem ser adotadas**. Dentre elas, encontramos a *teoria da equivalência de condições* (*conditio sine qua non*) ou ainda a *teoria do histórico de antecedentes*, extraídas da análise do artigo 13 do Código Penal.

## 6.2 A Teoria Do Dano Imediato E O Diálogo Com A Causalidade Adequada

Pela teoria do **dano direto e imediato** (art. 403 do Código Civil), o intérprete deve se atentar ao **efeito imediato e direto do fato causador**.

Em um acidente automobilístico devem ser, portanto, reparados os danos decorrentes do acidente e não, por outro lado, a prestação deficiente do atendimento médico.

Quanto ao nexo de causalidade, também se analisa a situação da **culpa concorrente**, porque o artigo 945 determina que todo aquele que tiver **concorrido culposamente para o evento danoso** terá a imputação de sua indenização fixada levando-se em conta a gravidade de sua culpa, em confronto com o dano provocado pelo agente.

O Enunciado n. 47 da I Jornada de Direito Civil determina que tal teoria **não exclui** a aplicação da **causalidade adequada**, pois se a vítima concorrer com o agente causador, cada um arcará equitativamente com o prejuízo, na proporção de suas culpas.

O problema que se mostra na prática é que o desafio de se apurar a proporção das culpas de cada conduta, não havendo uma fórmula pré-definida, sendo exigido o arbítrio do julgador, que deverá atuar com razoabilidade e proporcionalidade no caso concreto.

Diferentemente do que ocorre com o Direito Penal, no campo civil *todos os membros de um grupo* podem ser responsabilizados quando não for possível determinar qual deles deu causa à lesão. Com isto, surgiu a teoria da **causalidade alternativa**, aplicável a situações em que uma vítima sofreu múltiplas agressões cometidas por diversas pessoas, como em um linchamento, por exemplo.

Portanto, pela análise do Código Civil, temos a seguinte ordem de aplicação das teorias do nexo causal: primeiramente, utiliza-se o **dano direto e imediato** (art. 403 do Código Civil); em segundo, a **causalidade adequada** (especialmente para o caso de concorrência da vítima, como se extrai da leitura do artigo 945); por fim, em terceiro, pode ser aplicada a **causalidade alternativa**, quando o causador for indeterminado, mas determinável.

Entretanto, uma quarta possibilidade foi construída pela jurisprudência e, por merecer a apreciação de critérios mais específicos, será analisada na próxima seção, que é a **teoria da perda de uma chance**.

## 6.3 Teoria Da Perda De Uma Chance

A **teoria da perda de uma chance** surge quando o **dano é virtual, sendo apenas probabilístico**, sendo, portanto, uma **superação da verificação de sua ocorrência**, ou ainda de sua **certeza e imediatidade**.

A vítima, portanto, passa a ser indenizada quando uma oportunidade potencial é perdida pela conduta de alguém, sendo este o dano "causado": um dano probabilístico.

Para encontrar sucesso na sua aplicação, é necessário que sejam adotados alguns cuidados. Isto porque, embora seja dispensada a prova do dano *per si*, deve ser **demonstrada a probabilidade de sucesso**.

Uma noção "próxima" – porém, **sem aplicação jurídica** – é a famosa "expectativa de direito. De forma alguma a perda de uma chance pode ser com ela confundida. A oportunidade tem de adotar um **parâmetro probabilístico razoável**, tendo sido os exemplos mais famosos o caso de um corredor brasileiro que perdeu a prova na Olimpíada de Atenas de 2004 porque foi agarrado por um manifestante e que estava, até então, em primeiro lugar, ou do caso famoso do participante do antigo programa de televisão *Show do Milhão*, que em 2005 respondeu corretamente uma pergunta formulada, mas considerada errada pela produção do programa.

Em síntese, a responsabilidade civil pela perda de uma chance imputa ao agente causador uma **redução proporcional** do valor indenizatório, às vezes por uma mera operação aritmética de divisão, outras por cálculos mais complexos, ou ainda em outras por simples arbitramento, mas **nunca pelo dano integral**, porque, do contrário, acabaria por se opor ao princípio da *restitutio in integrum*, configurando verdadeiro enriquecimento sem causa.

No campo mais cotidiano, a perda de uma chance tem sido utilizada contra advogados que perdem prazos processuais e trazem prejuízos aos seus clientes ou a médicos que fracassam por negligência ou imperícia em procedimentos de sua responsabilidade.

Como se vê, o seu maior desafio é a prova, de modo que o Enunciado n. 444 da V Jornada de Direito Civil do Conselho da Justiça Federal determinou que a **chance deve ser séria e real**, não somente adstrita a percentuais hipotéticos e apriorísticos.

A perda de uma chance se aplica tanto a casos de responsabilidade contratual como extracontratual e pode ser verificada, ainda que lateralmente, por algumas disposições contidas no próprio Código Civil, como o pensionamento dos danos causados a outrem e/ou aos seus dependentes.

# 6.4 A Indenização E O Pensionamento Da Vítima

Como visto anteriormente, a teoria da perda de uma chance foi desenvolvida a partir da doutrina e jurisprudência, mas com inspiração dentre alguns dispositivos do Código Civil. Tais disposições se referem aos casos das pessoas que sofrem danos à sua vida ou incolumidade física, de modo que o autor do fato pode ser imputado em indenizações ora pela perda de uma chance, ora de forma integral, o que inclui o pensamento das vítimas e/u de seus dependentes.

Assim, no artigo 948, tem-se que no caso de homicídio os alimentos prestados às pessoas a quem o morto devia levará em consideração sua *provável duração de vida*. E, em termos de parâmetros de cálculo, pode-se utilizar, por exemplo, as estatísticas do IBGE, podendo ser combinada com suas condições gerais de saúde.

Em situação semelhante, o artigo 949 do Código Civil também determina que os danos à incolumidade física são calculados sobre as despesas do tratamento e dos lucros cessantes até o fim deste.

A perda de uma chance **não exclui outras indenizações**, inclusive podendo ser fixadas de forma integral, como o dano moral e o estético (Enunciado 192 da III Jornada de Direito Civil).

Ademais, se da ofensa resultar defeito (fisiológico, funcional ou anatômico na vítima), de modo que esta não possa exercer seu ofício ou profissão, ou que lhe provoque diminuição da sua capacidade de trabalho, além das despesas decorrentes do tratamento e dos lucros cessantes, também poderá ser incluída pensão correspondente à importância do trabalho para que se inabilitou (art. 950 do Código Civil).

O prejudicado também pode, assim preferindo, exigir que a indenização seja paga de uma só vez após arbitrada, no lugar de um pensionamento. Há, entretanto, dúvida se isto decorreria de um direito potestativo da vítima (como entendido pelo Enunciado n. 49 da I Jornada de Direito Civil, após o arbitramento pelo juiz de acordo com os critérios dos artigos 944 e 945) ou se o obrigado poderá escolher a opção menos gravosa e onerosa (Enunciado n. 381 da IV Jornada de Direito Civil).

Mais uma vez, é preciso ponderar o caso concreto, valendo para este ponto o quanto já fora dito atrás quanto às exceções da aplicação irrestrita da *restitutio in integrum* diante da grave disparidade patrimonial entre vítima e agressor, com desvantagem para este último.

Deve-se consignar que situações como **força maior, caso fortuito** e **culpa exclusiva da vítima** afastam por completo o dever de indenizar, em razão do **rompimento do nexo de causalidade**, embora as Cortes nacionais apreciem tais situações de forma bastante casuística.

Por fim, **pensionamento é chamado de "alimentos indenizatórios"**. Resta saber, portanto, quais seriam suas semelhanças e diferenças com os alimentos típicos do direito de família.

## 6.5 Alimentos Indenizatórios Versus Alimentos Do Direito De Família

Os alimentos indenizatórios têm importantes diferenças quando postos diante dos decorrentes do direito de família.

A primeira se relaciona com a **prescrição**. Assim, a prescrição típica dos alimentos do direito de família, contemplada no artigo 206 do Código Civil, § 2º, de *dois anos a partir da data que vencerem* **não lhe é aplicável**.

Além disto, **também é inaplicável a prisão por inadimplemento**, prevista no artigo 538, § 3º, do Código de Processo Civil.

O tema ainda é polêmico e encontra algum tipo de variação jurisprudencial, mas a adesão a posição predominante na doutrina e na jurisprudência é a acima descrita.

# 07 – RESPONSABILIDADE CIVIL OBJETIVA E SUBJETIVA

## 7.1 Introdução

A responsabilidade civil subjetiva era a única reconhecida pelo Código Civil no diploma de 1916. Entretanto, situações diversas e mais complexas, decorrentes do aumento da complexidade das relações sociais, tornaram bastante desafiadora sua prova, cujo ônus é da vítima.

Com isto, a ciência jurídica passou a enxergar situações em que paulatinamente a responsabilidade civil subjetiva fosse sendo afastada, para dar lugar a outras em que seria apenas provar o dano, o nexo causal e a imputação de ambos a um agente. Evoluiu-se, portanto, para **situações de responsabilidade civil com culpa presumida** e, em outros casos, para a **responsabilidade civil objetiva**.

Passaremos, adiante, a analisar cada uma das situações.

## 7.2 Responsabilidade Civil Subjetiva

A **responsabilidade civil subjetiva é a regra do Código Civil**, conforme determinado pelo seu artigo 927, parágrafo único. Assim, somente pode ser imputável **a título de culpa aquele que praticou o fato culposo possível de ser evitado**.

Não haveria, portanto, responsabilidade em situações em que o agente **não pretendia** ou então **não poderia sequer prever** o resultado danoso, tendo **agido com a necessária cautela**. Este também é o sentido do próprio conceito de ato ilícito extraído do artigo 186 do Código Civil, ocorrido por – é importante lembrar – "aquele que, por ação ou omissão **voluntária, negligência ou imprudência** violar direito de outrem..." (os grifos são nossos).

O primeiro passo de descolamento da responsabilidade civil subjetiva foi a percepção de situações com a denominada *culpa presumida*.

## 7.3 Responsabilidade Civil Por Culpa Presumida

A responsabilidade civil **por culpa presumida** foi construída para auxiliar a vítima em seu maior desafio, que é a *reunião de provas contra seu agressor*.

É, portanto, compatível com institutos conhecidos em ouros ramos do direito, como da própria "prova diabólica" do Direito Processual Civil, ou da "inversão do ônus da prova", presente também no Direito do Consumidor.

Trata-se do *inverso* da "presunção de inocência", bastante conhecida no Direito Penal. Assim, nos casos de culpa presumida, **o causador do dano é considerado culpado até que prove que estava certo**. Consolidou-se no Brasil, como já dito, **com o**

**reconhecimento da inversão do ônus da prova**, mas não exclusivamente.

Veja-se, como exemplo, a interpretação que pode ser extraída do artigo 29, inciso II, do Código de Trânsito Brasileiro (Lei n. 9.503 de 23 de setembro de 1997). Segundo o dispositivo, o condutor deverá guardar distância do veículo frontal e lateral do seu; logo, quando um veículo que trafega na traseira *colide* com o frontal, a **culpa presumida é de que não manteve a devida distância de segurança**, devendo fazer a prova de que agiu conforme o determinado pela legislação.

Outro caso é o do motorista que provoca danos a outrem quando dirige alcoolizado, precisando *provar* que o dano ocorreria ainda que se não houvesse o consumo de álcool, tanto para completa exclusão de sua responsabilidade, quanto para a diminuição de sua responsabilização, pela aplicação da culpa concorrente via teoria da causalidade adequada, por exemplo.

Apesar de, em ligeira impressão, a responsabilidade civil por culpa presumida se assemelhar à objetiva, com ela não se confunde, pelo que a analisaremos adiante.

## 7.4 Responsabilidade Civil Objetiva

Como visto, na responsabilidade civil **subjetiva com presunção de culpa** é admissível o afastamento da imputação do agente se o mesmo *provar* que não agiu com culpa. Entretanto, **na objetiva, ainda que prove não ter culpa, seu dever de indenizar não estará afastado**.

Os exemplos se encontram espalhados tanto na legislação, como na jurisprudência e na doutrina. No artigo 246, que trata da obrigação de dar coisa incerta, determina-se que o devedor não pode se desonerar da obrigação, **mesmo havendo fortuito**, antes de cumprir a prestação, porque, como já visto no volume próprio sobre o tema, o *gênero não perece*.

Apesar de não afastar o dever de indenizar, outras situações, como o **comportamento da vítima**, especialmente no caso de dano extrapatrimonial, são relevantes para a fixação do *quantum* indenizatório (Enunciado 458 da V Jornada de Direito Civil).

# 08 – A INDENIZAÇÃO E OUTRAS FORMAS DE REPARAÇÃO DOS DANOS

## 8.1 Introdução

A pós o estudo dos elementos constitutivos da responsabilidade civil – ato ilícito, nexo causal e dano – é chegado o momento de conhecermos o seu mecanismo de reparação à vítima.

A reparação pecuniária (ou **indenização**) é a primeira forma que sempre nos vem à mente; entretanto, há de se saber que existem *outras* formas de reparação que podem não consistir em prestações de dinheiro, porque o propósito da responsabilidade civil não é o enriquecimento daquele que foi molestado, mas a tentativa de restauração do *status quo ante* pela via do direito.

Logo, nesta perspectiva, a busca deve ser da reparação do dano *em si*, por si, e não a monetização do mal casado. Em uma cirurgia plástica malfeita, por exemplo, conserto do procedimento que não teve os resultados esperados; em uma colisão de veículos, o conserto dos prejuízos decorrentes da batida. Não se quer dizer que a reparação pecuniária estaria *excluída*, mas ela não pode ser vista como *substitutiva* de um dano causado.

Seria um absurdo pensarmos que se bastaria pagar uma monta, ainda que substancial, reparo a instrumentos cirúrgicos esquecidos no abdome do paciente *sem que* os mesmos fossem de lá extraídos. Tratar-se-ia de *coisificar* as relações humanas, dando a tudo um preço. Em um vídeo difamatório disponibilizado em uma plataforma, que possa causar o famoso *hate* ou *cancelamento* de alguém, talvez tenha resultados muito mais efetivos a divulgação de um pedido de desculpas (retratação pública, como prevista no Enunciado 589 da VII Jornada de Direito Civil) do que o mero pagamento de soma em dinheiro.

Por outro lado, popularmente costumamos afirmar que o "órgão mais sensível do ser humano é o bolso" e a indenização, até mesmo por representar uma energia produtiva retirada do agente do ato ilícito, pode lhe dar maior impacto do que prestações dela diversas. Em um procedimento médico, muitas vezes o paciente perdeu a confiança no profissional e não mais deseja que ele o refaça, ainda que o fosse plenamente capaz diante de uma longa trajetória de sucesso.

De outro lado – e sabemos que já citamos isto por diversas vezes – o Código Civil *desencoraja fortemente* o "enriquecimento sem causa", justamente para evitar o incentivo de práticas manipuladas para a obtenção de um proveito econômico puro e simples, como podemos imaginar de uma pessoa que ao escorregar em um líquido derramado em um supermercado, rejeite o suporte ao tratamento médico oferecido pelo dono do estabelecimento e apenas queira o dinheiro.

Mais uma vez, é preciso analisar a casuística, de modo que, de acordo com a aplicação dos princípios gerais do direito e do próprio direito civil, qual deve ser a solução mais *razoável* para o caso concreto: a indenização isolada, a reparação da conduta isolada ou uma combinação de ambas, com certa predominância desta última fórmula.

## 8.2 Os Desafios Hermenêuticos Para A Quantificação Da Indenização

Entendendo-se que o pagamento de uma indenização seja a via exclusiva ou cumulativamente mais adequada, surge o desafio da quantificação dos danos, ponto de grande atrito entre a vítima, o causador do ato ilícito e os parâmetros que são utilizados pelo Poder Judiciário, seja quando previstos ou não na legislação.

Sendo a **responsabilidade contratual, é possível sua prefixação no instrumento**, através da cláusula penal, como já explicamos no volume que trata do direito das obrigações; por outro lado, sendo a **responsabilidade extracontratual, o ressarcimento é verificado caso a caso**, de acordo com a regra contida no artigo 946 do Código Civil:

*Código Civil, art. 946. Se a obrigação for indeterminada, e não houver na lei ou no contrato disposição fixando a indenização devida pelo inadimplente, apurar-se-á o valor das perdas e danos na forma que a lei processual determinar.*

O artigo 946 do Código Civil é um ponto de partida para o cálculo da indenização por danos extracontratuais, mas também deve ser analisado em conjunto com o conteúdo do artigo 402 do mesmo diploma:

*Código Civil, art. 402. Salvo as exceções expressamente previstas em lei, as perdas e danos devidas ao credor abrangem, além do que ele efetivamente perdeu, o que razoavelmente deixou de lucrar.*

Logo, o artigo 402 prevê tanto o **dano emergente** (o que se *perdeu*) quanto os **lucros cessantes** (o que se *deixou de ganhar*). Agora, como fica a situação da indenização por danos *extrapatrimoniais*? Neste caso, a liberdade do julgador acaba se revelando bastante ampla, pois os parâmetros legais, de acordo com o ramo do direito que se estuda, ora sequer são previstos, ora o são feitos de maneira indicativa (como ocorre no direito do trabalho, por exemplo).

O balizamento é muito feito de acordo com a **jurisprudência**, sendo *crítico* e *essencial* para que o aplicador da norma selecione os parâmetros em casos aproximados, sempre os relacionando com os princípios como a razoabilidade e a proporcionalidade.

Há um detalhe que passa quase que por despercebido quando verificamos – novamente – o artigo 946. Notem que **na parte final do dispositivo o parâmetro de julgamento é remetido para a lei *processual***. E, assim, não podemos nos furtar a trazer o conteúdo do artigo 8º do Código de Processo Civil de 2015, que determina:

> *CPC/2015, art. 8º Ao aplicar o ordenamento jurídico, o juiz atenderá aos fins sociais e às exigências do bem comum, resguardando e promovendo a dignidade da pessoa humana e observando a proporcionalidade, a razoabilidade, a legalidade, a publicidade e a eficiência.*

Percebem que tais parâmetros hermenêuticos, em especial da proporcionalidade e da razoabilidade à luz da dignidade humana se coaduna com outros princípios também trazidos na própria Lei de Introdução às Normas do Direito Brasileiro (*LINDB*, Decreto-Lei n. 4.657 de 04 de Setembro de 1942, com suas diversas atualizações), em especial no seu artigo 5º, que diz:

*LINDB, art. 5º. Na aplicação da lei, o juiz atenderá aos fins sociais a que ela se dirige e às exigências do bem comum.*

É nesta miríade normativa que o juiz deve se pautar, bem como as partes do processo, cada qual, tentar trazer para sua perspectiva a interpretação mais favorável. Um desafio é adequar tudo isto com o conteúdo do que o Código de Processo Civil, que em seu artigo 489 (quando trata da fundamentação das decisões judiciais) diz que o juiz não pode "empregar conceitos jurídicos indeterminados, sem explicar o motivo concreto de sua incidência no caso" (Art. 489, § 1º, inciso II); "invocar motivos que se prestariam a justificar qualquer outra decisão" (inciso III do mesmo dispositivo) ou, ainda, quando **não houver qualquer outro parâmetro claro na jurisprudência** – talvez pelo ineditismo ou peculiaridade do caso, ter de enfrentar o tormentoso caminho hermenêutico proposto nos §§2º e 3º do artigo 489, que adiante entendemos por necessário também serem citados:

*§ 2º No caso de colisão entre normas, o juiz deve justificar o objeto e os critérios gerais da ponderação efetuada, enunciando as razões que autorizam a interferência na norma afastada e as premissas fáticas que fundamentam a conclusão.*

*§ 3º A decisão judicial deve ser interpretada a partir da conjugação de todos os seus elementos e em conformidade com o princípio da boa-fé.*

Também sugerimos remeter o leitor ao que já explicamos neste volume quanto às dificuldades de se implementar no ordenamento brasileiro os danos punitivos ou exemplares, porque relacionados com este cálculo indenizatório.

Seja como for, o Código Civil, bem como outros diplomas, apresenta nuances entre um **sistema aberto** e, em algumas situações, **uma proposta de sistema tarifário**. É sobre isto que explicamos mais adiante.

## 8.3 Sistemas Para Cálculo Do Quantum Indenizatório

De modo geral, o direito brasileiro **se fundamenta, como regra, em um sistema aberto**, também denominado por **sistema de arbitramento** nos casos em que a indenização não é prevista no contrato em uma cláusula penal ou para aquelas decorrentes de responsabilidade extracontratual.

O sistema aberto se pauta nos parâmetros que já apresentamos na seção anterior, sendo desnecessário repetir os argumentos já traçados. Queremos, por cuidado, apenas lembrar, que o **Superior Tribunal de Justiça, em sua súmula 07, prevê a possibilidade de o Poder Judiciário rever suas indenizações**, dando a si próprio este papel tanto de *criador* de critérios, quando de *revisor*, neste último caso quando for de sua competência a reapreciação do caso.

Em oposição, ao sistema aberto ou de arbitramento, encontraremos alguns casos de **sistema tarifário**, de modo que a doutrina, buscando uma conceituação mais coesa, prefere afirmar que no Brasil temos um *modelo misto* ou ainda *misto com prevalência do sistema aberto*.

O sistema **tarifário surge em alguns casos expressos**, como no caso dos artigos 939 e 940, ambos do Código Civil.

Pelo artigo 939, se o **credor demandar** (entendemos por *judicialmente*) **dívida ainda não vencida**, fora os casos que a lei permita (por exemplo, na insolvência do devedor), ficará não apenas obrigado a aguardar o tempo que faltava para o implemento do termo (vencimento), descontar os juros correspondentes e a

**pagar as custas em dobro**, sendo **aqui um exemplo de tarifação**.

Na sequência, o artigo 940 determina que aquele que **demandar** (mais uma vez, entendemos por *judicialmente*) **por dívida já paga**, fica obrigado a **pagar ao devedor o dobro do cobrado**. E no mesmo artigo ainda tem a hipótese do credor que **demanda mais do que for realmente devido**, tendo de **devolver o equivalente do que exigir**.

Adiante, o artigo 952 fixa que **havendo usurpação ou esbulho de coisa alheia**, além da restituição da coisa, a indenização consistirá no **pagamento do valor de suas deteriorações e o devido a título de lucros cessantes**. E, em caso de impossibilidade de restituição da coisa, que seja **reembolsada em seu equivalente à vítima**. Tal equivalente é estimado por dois parâmetros: o preço ordinário e o *preço de afeição*, que no sentido do Enunciado n. 561 da VI Jornada de Direito Civil, **inclui os lucros cessantes**, que, como já dito, **também devem ser provados**.

Um outro ângulo de se enxergar a tarifação é que os **danos patrimoniais** (sejam os danos emergentes; sejam os lucros cessantes), sempre **precisam ser provados**, não cabendo ao julgador poder *arbitrá-los*.

Já os **danos extrapatrimoniais**, *a priori*, **obedecem ao sistema aberto**. Entretanto, encontramos alguns indícios de tarifação nos mesmos.

Em uma analogia com a dosimetria da pena na área criminal, teremos aqui um sistema *bifásico* (trifásico seria se fosse na área criminal), em que **primeiramente é estabelecido um valor básico para a indenização**, considerando o interesse jurídico lesado, com base em outros casos jurisprudenciais semelhantes. É uma **fase abstrata** e sua fonte de pesquisa é sobre os julgados disponíveis nos bancos de dados dos diversos tribunais. Em seguida, numa **segunda fase**, são apreciadas as **circunstâncias do caso**; portanto, **diante do caso concreto**.

Há casos, porém, que o próprio ordenamento jurídico trata de tarifar os danos extrapatrimoniais e não há melhor exemplo na atualidade do que o presente no artigo 223-G, §1º, da Consolidação das Leis do Trabalho (CLT), inserido pela reforma trabalhista. Assim, o referido dispositivo, em quatro incisos, traz definições de ofensas "leves", "médias", "graves" ou "gravíssimas", com cálculo baseado em múltiplos de salários contratuais (por exemplo, na leve de até três vezes do referido; na gravíssima, até cinquenta vezes).

Se analisarmos a tentativa de criação de parâmetros da legislação trabalhista, ainda que pretendesse trazer alguma segurança jurídica aos sujeitos envolvidos, comete um grave pecado, que é **medir os danos extrapatrimoniais** – portanto, decorrentes da violação de **direitos de personalidade** – com base na remuneração da vítima. Em última análise, é como se, em um banco, a *dignidade* de um gerente valesse *mais* que a do caixa, pela base de cálculo utilizada.

Não podemos nos esquecer que a própria Lei de Imprensa (Lei n. 5.250/1967), que tinha critérios semelhantes, foi declarada por não recepcionada, no julgamento da arguição de descumprimento de preceito fundamental (ADPF) n. 130, pelo Supremo Tribunal Federal.

Por isto é que grande parte da doutrina se posiciona no sentido de que **qualquer tarifação dos danos extrapatrimoniais, na sua essência, é inconstitucional**, sendo este o sentido do Enunciado n. 550 da VI Jornada de Direito Civil.

Apesar disto, o Código Civil traz regra específica quando ocorrer **ofensa à liberdade pessoal**, como em cárcere privado, prisão por queixa, denúncia falsa, feita de má-fé ou prisão ilegal (art. 954). *A priori*, **a tarifação decorre dos prejuízos que sobrevierem ao ofendido**, partindo-se para o **uso subsidiário do sistema aberto** (por **arbitramento**) quando não puder prová-lo. Por exemplo, quando ao ser privado de sua liberdade, deixa de entregar resultados produtivos de seu trabalho (autônomo, empresarial ou laboral), o que pode ser calculado em princípio, mas que também se pode conceber um arbitramento quando este cálculo não for tão assim preciso ou justo.

## 8.4 A Prescrição E A Transmissão Da Indenização

Na parte geral do Código Civil, a pretensão reparatória de danos extingue-se em **três anos, contados da data do evento** (art. 206, § 3º, inciso V). Há regras específicas aplicáveis no Direito do Trabalho e no Direito do Consumidor, mas preferimos aqui não delas tratar porque tem nuances próprias, muitas vezes se recorrendo à própria regra do diploma civil.

A indenização é **transmissível por herança** (art. 943); logo, ainda que a vítima morra, seus herdeiros a ela têm direito. No mesmo sentido, se o ofensor vier a óbito, seus herdeiros continuam obrigados a prestar indenização, limitada, contudo, às *forças da herança* (art. 1.792 do Código Civil).

Destaque-se que o Enunciado n. 454 da V Jornada de Direito Civil evidencia que tal direito à indenização envolve os danos morais, ainda que a ação não tenha sido iniciada pela vítima, o que não se confunde com a pretensão reparatória por *ricochete*, como já analisado anteriormente em outras seções.

## 8.5 Considerações Finais

Com a análise das formas de reparação do ato ilícito civil, com destaque ao pagamento de indenização, restou-se fechado e encerrado mecanismo básico de responsabilidade civil no direito brasileiro.

Nos próximos capítulos trataremos de aspectos mais específicos de situações pontuais ou ainda de pontos controvertidos – e muitas vezes ainda em construção – deste importante ramo do direito.

Começaremos, portanto, com a análise de suas excludentes.

# 09 – EXCLUDENTES DA RESPONSABILIZAÇÃO CIVIL

## 9.1 Introdução

Diferentemente do que ocorre com o direito penal, as excludentes da responsabilização civil não foram devidamente disciplinadas pelo legislador brasileiro de forma sistemática, tal qual ocorre com a Parte Geral do diploma criminal.

Por isto, o que será tratado nas próximas linhas são construções de um esforço sistematizante, como percebido pela jurisprudência, expressamente previsto em alguns dispositivos legais ou ainda em fruto de analogia.

## 9.2 Excluir A Responsabilidade Civil Não Significa Excluir O Dever De Indenizar

Na forma exata como anunciado no título desta seção – e diferentemente do que ocorre com o direito penal – as causas excludentes da responsabilidade civil *nem sempre* excluem o "dever" (obrigação) de indenizar. Ou seja, **em certos casos, por razões de política legislativa, mesmo a pessoa que não é responsável pelo ato ilícito deve reparar danos causados por outrem à vítima**.

Assim, no caso de **culpa concorrente** (art. 945 do Código Civil), o autor do dano deve indenizar a vítima, **ainda que esta tenha colaborado com sua ocorrência**, o que será feito de forma proporcional.

No caso da **responsabilidade por fato do animal** (art. 936 do Código Civil), *a priori* **o seu dono deve indenizar** a vítima, **salvo nos casos de culpa exclusiva da vítima e de força maior**.

Por fim, de acordo com o artigo 929, é plasmado que a pessoa lesada terá direito à indenização dos prejuízos que sofreram, mesma solução dada ao dono da coisa perdida ou deteriorada.

Pergunta-se, portanto, **qual é a relevância prático-jurídica de se excluir a responsabilidade mas não o dever de indenizar?** A resposta é simples: **a possibilidade do *responsável* (*solvens*) da indenização se reembolsar, em ação regressiva, ao efetivo causador do dano**.

Um exemplo didático é o caso de uma vítima atropelada por um veículo que invadiu a faixa de pedestres, tendo isto ocorrido porque o tal veículo sofrera a colisão de *outro*, que *fugiu* do local do acidente. O pedestre poderá acionar o veículo que a atingiu, *mesmo não sendo ele o causador originário*.

Assim, o dono do veículo paga à vítima e pode, em ação de regresso, reembolsar-se daquele que colidiu no fundo de seu carro, podendo manejar, inclusive, a **denunciação da lide prevista no Código de Processo Civil**, especialmente quanto ao disposto no artigo 125, inciso II, do CPC/2015.

Um último exemplo de dever de indenizar embora restando evidente a excludente de responsabilidade civil é percebida pela interpretação do art. 188, inciso II, do Código Civil, em harmonia com o seu parágrafo único. O dispositivo pode ser visto sob **dois ângulos**.

No primeiro, em que **embora tenha havido a excludente de responsabilidade civil**, *persiste* **o dever de indenizar** (podendo, como dito antes, o *solvens* da indenização reembolsar-se do real causador do mal, se este existir), está na "deterioração, destruição de coisa ou lesão a pessoa para remover perigo iminente".

Aqui é preciso ter muita calma na análise. Pensemos em uma pessoa que buscando salvar um amigo que está tendo um infarto, dirige seu veículo pelas vias em alta velocidade e acaba por colidir em outros carros, causando-lhes danos, em princípio, somente patrimoniais. Este "herói" **terá de indenizar os donos dos veículos colididos**, em princípio.

E em que situação é que será *isentado* deste pagamento indenizatório? Se **provar** – e este ônus da prova é dele, ainda que pelas circunstâncias – que **não tinha outro modo de salvar seu passageiro**, ao argumentar que estava no horário do *rush* em uma via notoriamente movimentada e que pelo boletim médico o salvamento só foi possível por questão de minutos. Logo, **não terá de indenizar**.

É uma situação *muito sutil e próxima* daquela pessoa que simplesmente se desespera e sai dirigindo em uma via em que o trânsito está fluindo, mas, ainda assim, age com **imprudência**, incidindo, neste caso, o dever de indenizar.

Obviamente que todas essas nuances serão sopesadas em caso de uma eventual ação judicial, mas as duas variações do mesmo exemplo acima – motorista que dirige em alta velocidade para salvar passageiro com suspeita de infarto – em que o ato *é* legítimo, mas *pecou pelo excesso* e pelas circunstâncias.

Também é preciso lembrar que embora o artigo 65 do Código Penal determine que a **sentença penal que reconhece as excludentes de antijuridicidade** (legítima defesa, estado de necessidade, estrito cumprimento do dever legal e exercício regular do direito) **faz coisa julgada no juízo cível**, isto **apenas quer dizer que o ato foi** *lícito*, **mas não exclui de imediato o dever de indenizar.** Isto apenas quer dizer que não se faz necessário **provar novamente o fato**, como disciplina o artigo 935 do Código Civil:

> *Código Civil, art. 935. A responsabilidade civil é independente da criminal, não se podendo questionar mais sobre a existência do fato, ou sobre quem seja o seu autor, quando estas questões se acharem decididas no juízo criminal.*

E o próprio dispositivo também deixa claro que as esferas cível e criminal são independentes, sendo isto que permite a responsabilização do agente *ainda que* seu ato não seja ilícito.

Apenas para lembrar o leitor, o próprio Código Civil traz o artigo 187, que ao abordar o abuso do direito (um ato *lícito*, porém **abusivo**, excessivo), o equipara para efeitos indenizatórios ao ato ilícito.

**Por outro lado**, a responsabilidade civil nem sempre é tão dura para com o agente que atua conforme o direito, trazendo em si situações em que **a exclusão da responsabilidade civil também exclui o dever de indenizar**.

Para isto, é preciso verificar o conteúdo do artigo 188 do Código Civil, que trata dos atos ilícitos:

> *Código Civil, art. 188. Não constituem atos ilícitos: I – os praticados em legítima defesa ou em exercício regular de um direito reconhecido; II – a deterioração ou destruição da coisa alheia ou a lesão a pessoa, a fim de remover perigo iminente. Parágrafo único. No caso do inciso II, o ato será legítimo somente quando as circunstâncias o tornarem absolutamente necessário, não excedendo os limites do indispensável para a remoção do perigo.*

Logo, é considerado **ato lícito** o praticado em legítima

defesa ou para assegurar o exercício regular de um direito e, voltando-se ao já comentado inciso II do artigo 188, agora sob o **outro ângulo**, a lesão a outrem ou a bens de terceiros desde que **proporcionais também são atos lícitos**.

Sendo atos **lícitos, excluem o dever de indenizar já no nascedouro**.

Aqui considero pertinente relembrar, como trabalhamos no volume específico sobre o Direito das Obrigações, a diferença entre **débito** (*Schuld*) e **responsabilidade** (*Haftung*).

O ato **lícito e exercido de forma não abusiva *a priori* exclui o débito** (*Schuld*); já outra situações, como nas excludentes, que o devedor da obrigação de indenizar é **responsável** (*Haftung*), embora não o "devedor", podendo buscar a restituição do efetivo causador do mal, na mesma analogia – fora do campo da responsabilidade civil, é claro – entre o fiador que paga a dívida do afiançado, podendo deste cobrar o valor quitado.

Há ainda **outras hipóteses de atos não ilícitos** (atos lícitos, portanto) que **não estão previstas no artigo 188**, sendo os exemplos do **caso fortuito**, **força maior**, **culpa exclusiva da vítima** e a **absolvição criminal**. Trataremos disto mais adiante.

Por fim, um questionamento se faz relevante: **as excludentes de responsabilidade civil se aplicam *apenas* aos casos da modalidade subjetiva**? Ou também **se aplicariam à responsabilidade objetiva?**

Entendemos que as excludentes **também são aplicáveis à responsabilidade objetiva**, porque têm relação mais direta com o **nexo causal** do que com a noção de *culpa*, em si. Entretanto, como já dissemos repetidamente, isto **não exclui o dever de indenizar**. O que ocorrerá que é o agente objetivamente responsável poderá **se ressarcir do efetivo causador do dano**, mas, **antes, terá de satisfazer (reparar) o dano da vítima**.

É, portanto, a hipótese muito comumente aplicada – apenas para citar uma situação – no direito do consumidor.

Ademais, o próprio artigo 931 do Código Civil, embora **ressalve os casos de lei especial** (como é o caso da legislação consumerista), determina que os empresários individuais e as empresas **respondem, independentemente de culpa, pelos danos causados pelos produtos postos em circulação**, sentido este confirmado pelo Enunciado n. 562 da VI Jornada de Direito Civil.

Passaremos, a seguir, a analisar os casos específicos de exclusão de responsabilização civil e seus reflexos para constituição – ou não – do dever de indenizar.

## 9.3 Legítima Defesa (Art. 188, Inciso I, Do Código Civil)

A legítima defesa é um dos excludentes do dever de indenizar, porque o ato assim praticado se encontra amparado na redação do artigo 188, inciso I, do Código Civil.

Os critérios interpretativos do que consiste uma legítima defesa podem ser absorvidos do quanto desenvolvido nas ciências criminais, pelo que o Código Penal, em seu artigo 25, a descreve como praticada por "quem, usando moderadamente dos meios necessários, repele injusta agressão, atual ou iminente, a direito seu ou de outrem".

Assim, os seus requisitos são: a) agressão atual ou iminente, mas que seja injusta (ou seja, desde que não provocada pela vítima); b) preservação de direito próprio ou alheio; c) emprego moderado dos meios para repelir a agressão ou sua iminência.

Sempre é importante lembrar que o ato de legítima defesa deve ser moderado; logo, o ato de atirar contra alguém para proteger a posse não pode ser enquadrado como a autotutela autorizada pelo ordenamento e conhecida por *desforço possessório* (art. 1.210 do Código Civil). No mesmo sentido, aquele que profere agressões físicas contra quem fere sua honra, o xingando, não é legítima defesa.

Face o quanto disposto no artigo 935 do Código Civil, a legítima defesa não precisa ser provada *previamente* no juízo criminal, dada a independência dos juízos, embora, quando lá provada, sirva de subsídio para fins de exclusão de responsabilidade civil, como já comentamos.

## 9.4 Estado De Necessidade (Art. 188, Inciso Ii, Do Código Civil)

O estado de necessidade vem previsto no artigo 188, inciso II, do Código Civil não exatamente com esta terminologia, mas cujo sentido pode ser extraído da expressão "remover perigo iminente". Mais uma vez, é recomendável que se faça a devida importação do desenho jurídico desta conduta lícita para que seja assim aplicada no campo cível.

Uma nota importante é que o estado de necessidade **não pode ser confundido com o estado de perigo** ou com a **lesão**. Tanto um, como o outro, são **defeitos dos negócios jurídicos**, com regramento próprio, previsto nos artigos 156 e 157.

Pelo artigo 929 do Código Civil, se o dono da coisa ou a pessoa lesada pela conduta amparada sob o estado de necessidade não for a causadora do "perigo iminente", **terá direito à indenização**; todavia, o agente amparado pelo estado de necessidade, apesar de ter de pagar a reparação, poderá se ressarcir do verdadeiro culpado por sua conduta, na forma do artigo 930 do Código Civil.

Note-se que o diploma civil traz uma isenção mais ampla ao dever de indenizar àquele que atua em legítima defesa do que no estado de necessidade, justamente pelas circunstâncias de moderação e proibição de excesso que vêm expressas no texto do inciso II do artigo 188 e em seu parágrafo único.

Aplica-se neste instituto o quanto já dissemos quanto à independência entre as esferas cível e criminal, bem como ao aproveitamento da comprovação da conduta em estado de necessidade produzida no juízo penal para ser aplicado no civil.

## 9.5 Exercício Regular De Direito (Art. 188, Inciso I, Do Código Civil)

Embora excludente do dever de indenizar, nunca é demais lembrar que o exercício regular do direito não pode ser praticado de forma abusiva, pela proibição expressa no artigo 187, que o equivale, para todos aos fins, de um ato ilícito.

Um dos melhores exemplos está no direito do credor de cobrar o devedor. Incomodar seu sossego com ligações feitas diariamente, intimidar com o envio de prepostos com perfil de "leão de chácara" é abusivo.

Por outro lado, a notificação extrajudicial, desde que não o exponha perante terceiros, não é abusivo; bem como o uso moderado das comunicações. A autotutela dos direitos é limitada porque existe a inafastabilidade do controle jurisdicional e o que se percebe é que muitos credores atuam em economizar com o processamento dos feitos (ações de cobrança), preferindo tirar a paz dos devedores.

Outro exemplo está na interrupção da prestação de serviços educacionais em escolas e em instituições de ensino superior após o aluno ter negociado seus débitos e conseguido realizar sua matrícula. Há controvérsias quanto à emissão de histórico escolar e diploma, não havendo posicionamento jurisprudencial firme sobre o tema.

De qualquer sorte, este é o tema que necessita da análise casuística, merecendo a consulta contemporânea do aplicador do direito diante da situação concreta, a fim de robustecer sua fundamentação de acordo com outros casos semelhantes.

## 9.6 Estrito Cumprimento Do Dever Legal

Inicialmente, é preciso distinguir o *dever* legal do *direito* assegurado pelo ordenamento jurídico.

No caso do credor, este em o **direito** de cobrar pelo seu crédito, mas o ordenamento jurídico não lhe impõe um dever; não há uma penalização se não o fizer, e a eventual prescrição não se configura como tal. Assim, o credor tem – de modo geral – disponibilidade sobre tal direito, podendo fazê-lo ou não.

Já o dever legal surge quando a lei **impõe** ao agente que faça algo; se não o fizer, terá algum tipo de penalização, como o caso do bombeiro que não salva vítimas de um prédio em chamas.

Embora não haja previsão expressa no Código Civil de tal situação, é nítido que se o agente atuou na estrita forma do que a lei determina, não apenas será excluído da responsabilização civil como do próprio dever de indenizar.

Evidentemente que há outros aspectos a serem observados. Na requisição administrativa de bens, amparada pelo artigo 5º, inciso XXV, da Constituição Brasileira e artigo 1.228, § 3º, além de outros diplomas, está assegurada indenização **se houver dano**. Logo, embora haja a exclusão da responsabilidade civil, subsiste o dever de indenizar, pelo que poderá o Poder Público ressarcir-se do efetivo provocador do mal que o obrigou a agir.

Devemos reconhecer, porém, que a cobrança de tal indenização junto ao Poder Público é desafiadora sob o ponto de vista processual, face aos diversos privilégios de que dispõe a Fazenda Pública, como prazos diferenciados, reapreciação compulsória da sentença em algumas situações e até mesmo a obtenção do pagamento se de grande monta, por conta da ordem de quitação dos precatórios.

Por outro lado, o Poder Público, detectando o excesso,

poderá recobrar a indenização do seu agente que atuou em **excesso**. Assim, torna-se um garantidor do dever de indenizar, mas pode ser que não fique com o prejuízo – que, em verdade, é de toda a sociedade.

## 9.7 Caso Fortuito E Força Maior (Art. 393 Do Código Civil)

O caso fortuito e a força maior são **excludentes específicos do nexo de causalidade**. Assim, havendo um **evento externo** e **imprevisível**, o devedor não responde pelos prejuízos causados, **salvo as situações em que a legislação expressamente o responsabiliza**.

Dentre as situações em que a legislação expressamente prevê o dever de indenizar ainda que ocorra o fortuito estão a responsabilização do devedor pelos danos à coisa incerta antes da tradição e do comodatário que, diante do evento fortuito, salva primeiro suas coisas para depois proteger o bem emprestado.

Não iremos aqui entrar no mar revolvo da diferenciação do caso fortuito e da força maior, pelo que preferimos adotar simplesmente a expressão *fortuito* para abranger ambas as hipóteses, por duas razões: a profunda divergência jurídica entre um e outro e, a mais importante, **a equiparação de consequências para sua ocorrência**. Logo, não importa, em termos práticos, se o evento foi causado por caso fortuito ou força maior, pois a solução jurídica será idêntica.

Deve-se lembrar que **relevante é saber se o fortuito foi interno ou externo**; isto porque, normalmente, o fortuito *interno* não isenta o agente de responsabilização. É o caso, por exemplo, de um funcionário de um banco que cobra indevidamente um cliente, ou executa alguma operação que lhe traz prejuízos. Assim, o chamado "fortuito interno" sequer é considerado para se discutir isenção ao pagamento de indenização, **especialmente nos casos**

**de responsabilidade objetiva**, pela aplicação da **teoria do risco**.

Entretanto, existe campo para se discutir o *fortuito interno* para a responsabilidade subjetiva. Logo, um artista contratado para fazer um show e que não comparece porque teve um problema de saúde apenas tem o seu contrato resolvido (com o não recebimento ou devolução do cachê eventualmente recebido), sem que tenha de ainda trazer qualquer compensação às vítimas.

## 9.8 Culpa Exclusiva Da Vítima (Art. 945 Do Código Civil)

A culpa exclusiva da vítima é uma **excludente do nexo causal** e, por consequência, da responsabilidade civil. Entretanto, é preciso tomar um cuidado: o artigo 945 do Código Civil exige que a vítima tenha tido 100% (cem por cento) da culpa; sendo parcial, subsiste o dever de indenizar pelo causador do dano, ainda que de forma proporcional.

A maior dificuldade está na prova, ainda mais desafiadora se a hipótese for de responsabilidade objetiva, pela aplicação da teoria do risco. Entretanto, com o atual estado da tecnologia e registro de imagens, sons e comunicações, o que no passado era tarefa hercúlea, hoje se torna mais fácil de demonstrar, como no caso de uma vítima que foi atropelada, mas em verdade atravessou a via pública, fora da faixa e ainda mexendo no celular, o que pode ser captado pelas câmeras de vigilância ou em equipamentos que podem ser instalados nos veículos, já disponíveis no mercado.

## 9.9 Fato Exclusivo De Terceiro

Também é **excludente de nexo causal** o fato exclusivo

de terceiro. Entretanto, há desafios maiores na responsabilidade extracontratual que na contratual.

Por exemplo, um funcionário é considerado "terceiro" em danos causados por ele nas dependências do estabelecimento do seu empregador? Neste tema, a jurisprudência é vacilante, ora aplicando o dever de indenizar com possibilidade de ressarcimento, ora excluindo o ato por considerar o rompimento *per si* do nexo causal.

Em suma, o fato de terceiro tem sua aplicação assemelhada da força maior ou ao fortuito externo. Logo, o roubo com uso de arma de fogo em uma agência bancária na área dos caixas eletrônicos é equiparável a fato de terceiro, não podendo o banco ser condenado ao pagamento de indenização, se demonstrar que tinha o fornecimento adequado de segurança (por vigilantes contratados e funcionamento de sistema captação de áudio e som, por exemplo); entretanto, sendo omisso e não fornecendo a mínima condição de segurança aos seus clientes, cogita-se sua responsabilização.

De outra ponta, o chamado *fortuito interno*, como um roubo ou furto de joias depositadas no cofre interno do banco não é fato de terceiro, porque é comparado ao fortuito interno. Não teria havido, neste caso, o devido aparato de segurança para trazer barreiras aos assaltantes.

Pela aproximação das situações e controvérsias, o Enunciado n. 443 da V Jornada de Direito Civil expõe que o caso fortuito e a força maior somente serão considerados como excludentes de responsabilidade civil quando o fato gerador do dano **não for conexo** à atividade desenvolvida; por outro lado, havendo conexão com sua atividade, não se exclui o dever de indenizar, ressalvado o ressarcimento junto a terceiros.

Neste raciocínio, um *hacker* que invade as contas dos clientes de um banco e desvia ativos financeiros é um **fortuito interno**, demonstrando que o sistema não era tão seguro assim; diferentemente, o cliente que deixa a senha do cartão de crédito à mostra e tem o mesmo furtado ou roubado não pode responsabilizar a administradora pelos danos, porque descumpriu a segurança necessária que tal operação exige.

## 9.10 Cláusula De Não Indenizar

É muito comum, ao entrarmos em estacionamentos de estabelecimentos comerciais, depararmo-nos com uma placa com os seguintes dizeres: "não nos responsabilizamos por furtos de objetos à mostra deixados no interior do veículo". Este é um exemplo de cláusula de não indenizar.

Embora objeto de muitas controvérsias doutrinárias e jurisprudenciais, entende-se que em certos ramos, como no direito do consumidor, está expressamente proibida, por força do artigo 51, inciso I, do CDC. Igualmente, nos contratos de adesão não consumeristas, regulados pelo artigo 424 do Código Civil, também estará proibida.

Restaria, portanto, apenas campo para sua aplicação em relações contratuais *não* consumeristas e de instrumentos livremente pactuados entre as partes (contratos que não sejam de adesão, com cláusulas prontas). Neste sentido, equivaler-se-ia à própria cláusula penal, em que as partes podem dispor tanto de indenizações pré-fixadas como do não pagamento das mesmas em certas situações (Enunciado n. 631 da VIII Jornada de Direito Civil).

## 9.11 Absolvição Criminal

A absolvição criminal **somente obsta a responsabilização civil se for reconhecida a inexistência material do fato**. Ou seja, o sujeito se o sujeito for absolvido, mas somente por falta de provas, subsiste o dever de indenizar.

Assim, sendo o agente absolvido, mas subsistindo o estado de dúvida, não impede o dever de indenizar.

# 10 – RESPONSABILIDADE POR FATO DE TERCEIRO, COISA E ANIMAL

## 10.1 Introdução

A responsabilidade civil por fato de terceiro tem espaço quando a pessoa, ainda que não tenha qualquer relação com o nexo causal, é tratada com responsável por fato de outrem, objeto ou coisa, por força expressa da legislação.

Assim, terá o dever de indenizar, embora lhe seja assegurado, em alguns casos, o manejo da ação *in rem verso*, prevista genericamente no artigo 886 do Código Civil.

As situações que adiante serão apresentadas são aquelas consolidadas pela doutrina e pela jurisprudência, sem embargo de outras que possam ser observadas e construídas ao longo do tempo, merecendo o adequado em futuras edições desta obra.

## 10.2 Responsabilidade Dos Pais Sobre Os Atos Dos Filhos Menores

A responsabilidade civil dos pais sobre os atos dos filhos menores é tratada na modalidade objetiva, desde que haja conduta culposa de seu filho menor, como regulado pelo artigo 932, inciso I, do Código Civil.

Exemplo para clarificar a situação é o caso do filho menor, com quinze anos de idade, que dirige o veículo sem a adequada habitação, causando danos a terceiros. A conduta culposa do menor, neste caso, reside na própria imperícia, mas os pais têm de indenizar a vítima, não importando se fortemente orientaram seu filho a não agir daquela maneira.

Por outro lado, quando se diz *culpa* se está, em verdade, salientando que a conduta do menor tem de ser a causadora do ato. Então, se o filho retira o carro da garagem e antes de sequer começar a trafegar é atingido por um motorista embriagado, seus pais nada terão de indenizar; pelo contrário, tanto eles quanto o seu filho poderão até mesmo ser indenizados pelo ato culposo de outrem.

Outra expressão que requer atenção é a que diz que o menor deve estar "sob sua autoridade"; esta se liga ao poder familiar, de modo que os pais não respondem pelos danos causados pelo menor que esteja, por exemplo, sob a guarda dos avós.

Tendo a guarda compartilhada, ambos os pais têm responsabilidade solidária pelos atos danosos causados por seus filhos menores (Enunciado 450 da V Jornada de Direito Civil), ainda que estejam separados, cabendo direito de regresso de um dos genitores sobre o outro pela falta do dever de vigilância sobre o filho.

Uma vez tendo autoridade sobre os filhos, por outro lado, não se exige a vigilância permanente de seus atos, porque a companhia não precisa ser momentânea, mas duradoura. Logo, se o menor sai escondido à noite para pegar o carro dos pais e causa um acidente, a companhia não foi efetiva, mas os pais respondem, indubitavelmente.

Há alguma controvérsia na jurisprudência quanto à responsabilização do genitor que não tem qualquer convívio com o seu filho, sendo a situação analisada casuisticamente.

Não se pode, entretanto, imaginar que a legislação é tão branda para o filho causador do dano e intransigente para seus pais, porque há diversas normas que alteram as regras de imputação indenizatória, ora colocando os pais como exclusivos responsáveis, ora como devedores principais e o menor como subsidiário, ora na situação contrária (o menor como devedor principal e os pais como subsidiários).

Um exemplo é o da emancipação. Nos casos de emancipação legal, como no casamento e na completa autonomia para sustento (assunção de cargo público, hipótese hoje quase que abstrata), persistiria a responsabilidade dos pais, apenas pela dicção legalista da norma.

Entretanto, nos casos de **emancipação voluntária** (em que o menor, tendo os requisitos legais, requer a mesma, segundo o artigo 5º, inciso I, do Código Civil), há precedentes que isentam os pais de danos que possam causar. Um exemplo muito cotidiano é o dos influenciadores digitais em casos de ofensa à honra alheia e lhes sendo movidas ações de reparação de danos, especialmente morais. Não se pode imaginar que um jovem como este, provavelmente com grande fluxo de receita, corra para debaixo dos pais, que deverão arcar com seus deslizes. O Superior Tribunal de Justiça traz alguns julgados neste sentido.

Quando não isentando os pais, são colocados como responsáveis solidários e não principais (em que o menor teria a responsabilidade subsidiária). Mais uma vez, a casuísta é que determinar como a situação deverá ser melhor apreciada (vide enunciado 41 da I Jornada de Direito Civil).

Há ainda outro aspecto, que envolve **efeitos civis dos atos infracionais**. Neste sentido, os menores têm responsabilidade principal e os pais subsidiária.

**Em síntese**, o quadro de responsabilidade dos pais é resumido da seguinte maneira: A) Em **regra**, os **pais têm responsabilidade principal**, cabendo ao menor a **subsidiária**; B) Não sendo este caso, **se entre 16 e 18 anos incompletos e voluntariamente emancipado**, a responsabilidade dos pais desce um degrau, saindo de principal para **solidária ao menor**; C) Não sendo nenhum dos casos acima, **para o menor entre 12 e 18 anos incompletos**, por força do Estatuto da Criança e do Adolescente e **exclusivamente para os efeitos civis de atos infracionais**, desce-se ainda mais outro degrau, de modo que **os pais passam a ter responsabilidade subsidiária** e os filhos principal; D) De acordo com a jurisprudência, na hipótese de **total ausência de convívio do genitor com o filho**, que além de não conviver, **sequer também tem a guarda**, ainda que compartilhada, reconhece-se **isenção de responsabilidade do referido genitor**, aplicando-se a regra cabível entre o menor e o outro genitor que tem a guarda sobre o filho menor.

Há de se reforçar, como já trazido nesta obra, que a **responsabilidade objetiva dos pais é diversa de culpa presumida**. Em termos práticos, na culpa presumida abre-se campo para uma inversão do ônus da prova, em que os pais ficariam isentos se demonstrassem que agiram com um total (ou até *excesso*) de zelo com o seu filho. Como se trata de responsabilidade civil objetiva, tal discussão não tem cabimento, sendo-lhes imputada a responsabilidade, respeitadas as circunstâncias aqui descritas.

Já sobre o *quantum* indenizatório, o Enunciado 449 da V Jornada de Direito Civil expressamente modera o instituto da *restitutio in integrum*, pelo que o ato do menor não pode representar a ruína financeira sua ou de seus pais, se assim não tiverem meios para satisfazê-la sem violar o seu patrimônio mínimo.

# 10.3 Responsabilidade Dos Tutores E Curadores

O sistema de responsabilidade civil dos tutores e curadores tem grandes semelhanças com o já aplicado dos pais para com os filhos menores, inclusive quanto à **responsabilidade ser objetiva**, o que é motivo de crítica, já que tanto a tutela quanto a curatela são atos de altruísmo.

Existe uma controvérsia quanto da aplicação do artigo 942, parágrafo único, do Código Civil (que trata da responsabilidade solidária dos responsáveis legais) e o artigo 928, que trata da responsabilidade subsidiária do filho menor. Entende-se, em síntese, que se os pais forem curadores do filho **maior**, mas que, por ser portador de alguma deficiência, pratica ato ilícito, sua responsabilidade é solidária e não principal (pelo que o menor teria de forma subsidiária).

Conclui-se, portanto, que **em caso de curatela, o regime de responsabilidade civil do curador é mais brando que o do tutor ou dos genitores**.

## 10.4 Responsabilidade Do Empregador Sobre Os Atos Do Empregado E Do Comitente Sobre Os Atos Do Comissário.

Em relação de emprego (definida pelo artigo 2º da CLT), bem como em contrato de comissão (que, na forma do artigo 693 do Código Civil, é aquele em que o comissário adquire ou vende bens por conta do comitente), em ambos os casos, o tratamento da responsabilidade civil é o mesmo, pelo que serão tratadas nesta mesma seção.

A primeira regra é que o empregado (ou comissário) precisa estar no seu **horário de expediente** para que se possa cogitar a responsabilização do empregador (ou do comitente). Entretanto, pela aplicação da *teoria da aparência*, mesmo quando fora do expediente, se a vítima acreditar que o empregado (ou comissário) estava em horário de trabalho, ou se o mesmo causar o dano em razão do seu contrato (de trabalho ou de comissão), **haverá a responsabilização do empregador (ou do comitente)**.

Em segundo, pela interpretação do Enunciado 451 da V Jornada de Direito Civil, a **responsabilidade do empregador (ou do comitente) é objetiva**. Isto é o que também se verifica da **leitura do artigo 933 do Código Civil**, que, portanto, deixou superada a Súmula 341 do Supremo Tribunal Federal, que ainda adotava uma culpa presumida.

Há, porém, algumas moderações na casuística. No julgamento do recurso extraordinário n. 601.811, o Supremo Tribunal Federal afastou a responsabilidade civil do empregador perante **atos criminosamente dolosos** praticados pelo seu empregado, como no homicídio praticado, embora no horário de trabalho e em seu ambiente, mas por razões **estritamente pessoais**, como, por exemplo, de um desafeto que vai provocar o empregado em seu local de trabalho e este lhe desfere tiros, matando-o.

**Reconhece-se a ação regressiva do empregador (ou comitente) face o empregado (ou comissário)**. Entretanto, esta somente terá campo se o **ato do empregado (ou comissário) for, ao menos, culposo**.

**Agindo dentro da moderação esperada em suas funções e dentro de seu papel, não há que se cogitar esta ação regressiva**, como no caso de um empregado de uma empresa de cobranças que exige que seus funcionários ligue para os devedores o dia inteiro; sendo este um ato ilícito e indenizável pelo abuso de direito de cobrança, este apenas o foi feito à mando do empregador.

Porém, se eventualmente o empregado agir persuasivamente com atos ou ameaças ilícitas ou abusivas *além* do que lhe foi determinado ou completamente proibidas, para, por exemplo, ao amedrontar os devedores, conseguir o resultado e bater suas metas, sendo o empregador condenado, poderá se ressarcir do seu funcionário que atuou em demasia.

## 10.5 Responsabilidade Dos Estabelecimentos De Albergue Remunerado

Por albergue remunerado não se está apenas referindo a um determinado tipo de hospedaria, mas a toda ela que se encarregue de oferecer acomodação, mediante um preço, por determinado tempo, aos seus clientes.

Inclui-se nesta lista, portanto, creches, escolas, faculdades, hotel, motel, SPA, asilos, sanatórios, hospitais, centros de recuperação de dependência química, dentre outros.

A responsabilidade do albergue **é objetiva**, mas, para isto, é preciso que **seja remunerado**. Sendo uma instituição de caridade, apenas os atos culposos poderão ser cogitados para fins de indenização.

Harmoniza-se, portanto, a hipótese ao quanto trazido no artigo 14 do Código de Defesa do Consumidor, que trata da responsabilidade objetiva no fornecimento de serviços.

Como já tratamos anteriormente, eventuais cláusulas de exclusão do dever de indenizar são nulas, porque abusivas, tanto pelo ângulo do Código de Defesa do Consumidor (art. 51, inciso I), quanto pelo Código Civil em razão de se tratar, em 99% dos casos, de contratos de adesão.

Neste sentido, o Enunciado 191 da III Jornada de Direito Civil evidencia que o hospital é responsável **objetivamente** pelos atos culposos praticados pelos profissionais de saúde de seu quadro funcional (empregados ou prestadores, não importa).

## 10.6 Responsabilidade Pelo Proveito Do Crime

Não trataremos de aspectos especificamente penais,

como coautoria, participação e a responsabilidade penal. Assim, a responsabilidade civil pelo proveito do crime, diferentemente da penal, é **tratada objetivamente**.

Logo, pela independência das instâncias, aquele que recebeu proveito responde danosamente até o valor que recebeu. Aqui é importante lembrar que em **sentenças penais condenatórias o juiz criminal fixa um valor mínimo de indenização** (art. 91, inciso I, do Código Penal, combinado com o artigo 387, inciso IV, do Código de Processo Penal.)

Destaque-se que o artigo 336 do diploma processual penal diz que a fiança paga para fins de liberdade provisória servirá como total ou parcial indenização da vítima, caso o réu seja condenado e o artigo 63 do Código Penal determina que a sentença penal transitada em julgado serve como título executivo judicial, apenas precisando ser cumprida (ou previamente quantificada – liquidada) no juízo cível, em harmonia com as disposições do Código de Processo Civil.

Ainda que haja uma sentença criminal absolutória, mas sendo esta **por falta de provas** e/ou **atipicidade de conduta**, **subsiste a possibilidade de reparação de danos**. Diferentemente do dito no parágrafo anterior, neste caso, é preciso mover uma ação civil condenatória, embora algumas provas produzidas na instância criminal possam ser aproveitadas através do instituto da prova emprestada.

Apenas será **completamente isentado de responsabilidade civil aquele que categoricamente for absolvido** *por prova* **de que não cometeu qualquer ato ilícito**, ainda que atípico penalmente (Enunciado 45 da I Jornada de Direito Civil).

Nesta senda, é importante lembrar que pode haver a transação penal em sede de Juizados Especiais Criminais, com composição dos danos civis (art. 72 da Lei n. 9.099/95) e que o processo civil pode ser sobrestado para aguardar o processo penal, pela regra do artigo 64 do Código de Processo Penal, cumulado com o artigo 315 do Código de Processo Civil. Esta hipótese é muito comum em caso de **tese defensiva de inexistência de fato delituoso ou de legítima defesa**.

Deve-se atentar que esta suspensão do processo civil não é *ad eternum*, porque o próprio § 1º do artigo 315 do Código de Processo Civil traz limitações temporais, permitindo que o juízo cível decida incidentalmente a questão prejudicial.

Outro ponto importante é quanto à **suspensão da prescrição da pretensão reparatória civil**, porque se o fato se originar de ação criminal, não correrá a prescrição antes do trânsito em julgado em definitivo da sentença penal condenatória (art. 200 do Código Civil).

Em termos mais práticos, a **ação penal** (denúncia ou queixa) **tem de ser proposta em até três meses do fim da ação delituosa**; não sendo assim proposta, o juízo cível prossegue com o seu julgamento.

Sendo, porém, proposta dentro dentre prazo, **o juízo cível deve aguardar um ano o trânsito em julgado da sentença criminal**, seguindo o seu resultado para influenciar a ação indenizatória civil; não sendo julgado o processo-crime em um ano, o juízo cível prosseguirá, proferindo seu julgamento.

Obviamente que podem de aí surgir muitas nuances, como ainda que o processo penal demore, provar que o agente nada teve a ver com o fato delituoso. Isto pode trazer repercussões para o manejo de uma eventual ação rescisória da sentença indenizatória cível, mas esta discussão exorbita por demais a proposta desta obra, por se tratar de tema essencialmente de direito processual.

Retomando-se a questão do proveito do crime, compreende-se melhor porque alguém que é absolvido ainda assim tem de devolver o dinheiro (ou indenizar) as vítimas, como ocorre com alguma frequência nos casos de parentes ou cônjuges de pessoas envolvidas em escândalos de corrupção. Na prática, toda a família goza do proveito do crime e ainda que na instância penal fique demonstrado que não participaram do ilícito penal, pelo proveito devem indenizar as vítimas, incluindo o erário público.

## 10.7 Responsabilidade Por Fato De Coisa, Incluindo Decorrente Do Animal

Em termos genéricos, a responsabilidade pelo fato de coisa (incluindo o animal) se encontra prevista no artigo 927 do Código Civil. Assim, seu proprietário – e em alguns seu possuidor ou detentor – responde pelos danos causados pelo objeto inanimado ou pelo animal sob sua guarda ou vigilância.

Entende-se por aplicação da **responsabilidade objetiva pelo risco da atividade**, cuja única hipótese de exclusão é a prova, pelo agente, de **caso fortuito ou força maior**, ou ainda de **culpa exclusiva da vítima**.

O Código Civil traz algumas hipóteses específicas. A primeira, prevista no artigo 937, fala da **ruína do edifício**, em que seu dono (ou da construção) responde pelos danos causados, se esta provier da falta de reparos.

Há de se atentar para uma sutileza no dispositivo, que é o **indicativo, pelo legislador, da adoção não da responsabilidade objetiva, mas de uma presunção de culpa**. Ou seja, se o dono do prédio ou da construção demonstrar que **atuou positivamente nos reparos e manutenção** razoavelmente exigidos, ficaria isento de responsabilidade.

Entretanto, o Enunciado n. 556 da VI Jornada de Direito Civil diferencia esta hipótese da **responsabilidade objetiva do dono do prédio ou da obra por sua construção**, aplicável a **defeitos decorrentes de sua edificação** (de todos os tipos, como pontes, prédios, shopping centers, estádios etc.). **Neste caso, em específico, é que a responsabilidade é puramente objetiva; no caso do artigo 937 é de culpa presumida (admitindo prova em contrário do dever de cuidado)**.

Uma situação distinta, apreciada no artigo 938 do Código Civil, é a **responsabilidade por defenestramento**, que é um ângulo específico da responsabilidade por fato da coisa. Trata-se daqueles casos em que objetos caem do prédio e atingem pessoas ou bens, seja porque foram lançados, seja porque se desprenderam.

Igualmente, por "prédio" entenda-se qualquer tipo de construção, como edifícios, casas, hotéis, escritórios, tempos, clínicas etc. Quanto às coisas que deles caem, podem ser várias, como vasos, placas, pequenos objetos e em qualquer estado da matéria (líquido, sólido, gasoso, eletricidade...).

A **responsabilidade por defenestramento é objetiva**, cabendo a todos os proprietários do prédio, que poderão, em ação *in rem verso*, descobrindo, ressarcirem-se do verdadeiro causador do dano. É muito comum que se acione o condomínio edilício, como traz o Enunciado n. 557 da VI Jornada de Direito Civil. Assim, cada condômino contribuirá na proporção de sua cota condominial.

Provado que foi o autor do ano, processualmente o condomínio pode requerer ao juízo a denunciação da lide ou ainda sua ilegitimidade passiva.

## 10.8 Responsabilidade Por Fato Do Animal

Conforme artigo 936 do Código Civil, a responsabilidade por fato do animal **é objetiva**. Isto envolve o animal que foge de seu local, pula um muro, quebra uma grade etc.

Ao dono (possuidor ou detentor) do animal, caberá provar a verificação de culpa exclusiva da vítima ou de fortuito. Entretanto, se for caso de culpa concorrente entre vítima e dono do animal, este deve indenizá-la, ainda que com abatimento do montante, como no exemplo de uma pessoa que provoca o animal e este consegue pular o muro, atacando-a.

O Superior Tribunal de Justiça, em caso de animais que se encontram na pista administrada sob concessão privada, entende por sua responsabilização, porque deveria se preocupar em evitar que os mesmos por ela transitassem; diferente do caso dos animais selvagens em pistas que sejam administradas diretamente pelo próprio Poder Público.

# 11 – OUTRAS TEORIAS APLICÁVEIS À RESPONSABILIDADE CIVIL

## 11.1 Introdução

Os princípios de convivência social trazidos pelo Código Civil permitiram o desenvolvimento de nos olhares e teorias sobre a responsabilidade civil e o dever de indenizar.

Neste capítulo, faremos um apanhado de cada um deles, porque úteis na aplicação de nuances presentes nos casos concretos.

## 11.2 Abuso Do Direito

O abuso do direito já foi comentado em diversas passagens nesta obra, sendo previsto no artigo 187 do Código Civil e equiparado, quanto aos seus efeitos, ao próprio ato ilícito.

A pessoa que age em situação de abuso é titular de um direito, *a priori*, legítimo, mas excede em seu uso. Citamos o exemplo da cobrança abusiva de dívidas, quando perturba a paz e o sossego do devedor, no lugar de serem promovidas as adequadas medidas judiciais para recuperação do crédito.

Assim, apenas a título de síntese e sistematização, o abuso do direito tem os seguintes requisitos: a) titularidade do direito pelo agente; b) exercício excessivo; c) transposição dos limites impostos pelos deveres anexos aos contratos e aos princípios gerais do Código Civil e do Direito; d) violação de algum direito alheio; e) nexo de causalidade.

Como a teoria do abuso do direito advém da boa-fé objetiva, sua responsabilização **independe de culpa**, conforme Enunciados 37 e 412 das Jornadas de Direito Civil.

O abuso do direito é uma "figura-mãe" de outras que adiante serão detalhadas, como: a) vedação ao comportamento contraditório; b) supressão / surgimento; c) vedação ao desconhecimento da lei; d) exceção do dolo; e) vedação ao agravamento do prejuízo; f) extensão de prazo.

## 11.3 Vedação Ao Comportamento Contraditório

Este instituto, conhecido pelo brocardo latino do *venire contra factum proprium non potest* tem franca aplicação no direito contratual, podendo ser visualizado na redação do artigo 330 do Código Civil (de onde também se extrai a *supressio*).

Logo, se alguém atua de forma a criar uma expectativa justa sobre outrem, com base no princípio da confiança, não pode abruptamente mudar sua conduta, porque viola, também, a própria lealdade.

Assim, o consumidor que alega não ter assinado contrato de cartão de crédito mas utiliza-o como meio de pagamento está agindo em franca contradição reprovável, claramente prevista no artigo 422 do Código Civil. Outro exemplo é daquele que por mensagem ou na frente de testemunhas autoriza a prática de um ato e depois pretende buscar sua reparação.

O ônus da prova é de quem alega que o outro age em comportamento contraditório, sendo muito usado, no exemplo acima do cartão de crédito, as famosas fotografias obtidas no ato da contratação pelo consumidor.

## 11.4 Supressão E Surgimento

A supressão, mais conhecida por *supressio* ou *Verwirkung* está relacionada diretamente com a vedação da contradição (pelo que também é percebida no artigo 330 do Código Civil), mas encontra aplicação em situações mais específicas.

Trata-se dos casos em que a pessoa não exerce um direito por determinado tempo e, repentinamente, exige o seu cumprimento. O melhor exemplo, discutido no direito das obrigações, é o do local do pagamento, acertado previamente para ocorrer no domicílio do credor, mas exercido reiteradamente por este na busca no domicílio do devedor. Logo, não poderá, após este trato sucessivo (digamos, em pagamento de aluguéis), querer recobrar o trato inicial, porque o devedor, certamente, passa a contar com o cenário que se apresentou.

O outro lado da *supressio* é o **surgimento** (ou *surrectio*, ainda chamada por *Erwirkung*). Neste caso, a pessoa não tem direito algum, mas passa a receber algo, inicialmente por liberalidade, mas depois, pela constância, adquire tal direito.

Por exemplo, um credor que sempre que o devedor se encontra em mora, avisa-o por envio de e-mail ou SMS antes de promover outros atos (como interrupção dos serviços, por exemplo). Ou ainda, uma operadora telefônica que avisa o consumidor sempre que este faz recarga em seu celular em planos pré-pagos. Diante da ausência da informação habitualmente prestada, a vítima pode exigir os direitos decorrentes daquela prática, como sua não imputação em mora, o reembolso por pagamento indevido (porque pagou duas vezes em razão de não ter sido informado pela confirmação do pagamento, como das outras vezes) etc.

Embora muitas vezes ocorridas simultaneamente, nos exemplos acima se percebe que às vezes uma pode surgir sem a contraparte direta da outra. No caso específico da operadora que avisa o seu cliente da recarga do celular e por algum tempo deixa de fazê-lo, pode voltar à prática anterior, desde que reconheça as consequências reparatórias do comportamento induzido ao consumidor por aquele período em que tais avisos foram suspensos.

Outro exemplo é a administradora de cartão de crédito que avisa por SMS ao seu cliente sempre que houver uma operação; não o fazendo e ocorrendo uma fraude neste período, poderá ser responsabilizada pelo não reconhecimento daquelas compras.

## 11.5 "Tu Quoque" (Vedação À Própria Torpeza)

"A ninguém é dado aproveitar-se da própria torpeza". Assim, não poderá uma pessoa criar armadilhas para a outra parte pretendendo escusar-se do cumprimento de seus deveres e obrigações.

Os exemplos são muito cotidianos, como do contratante que alega não ter lido o contrato para não cumpri-lo; uma parte querer que a outra cumpra sua prestação (em contratos bilaterais) a oferta da contraprestação; o credor exigir e ameaçar o devedor de cobrar judicialmente a prestação quando cria obstáculos para receber o pagamento.

## 11.6 "Exceptio Doli"

Para a doutrina que enxerga o *exceptio doli* como um degrau acima da vedação ao comportamento contraditório, sua aplicação se daria na vedação do credor em deixar o devedor, abusivamente, em situação de prejuízos.

Não se trata de não reconhecer o débito; mas o dolo do outro em não permitir que a avença seja cumprida. A exceção do contrato não cumprido advém disto, em que não pode alguém ser cobrado em contrato bilateral por algo cujo prestação do outro deveria ser feita anteriormente.

## 11.7 Dever De Mitigar O Prejuízo

Trata-se de uma construção anglo-saxônica e por isto é conhecida por *duty to mitigate the loss*.

Assim, o credor tem o dever de colaborar com o devedor para que o seu prejuízo não se agrave, tornando a prestação impagável, com o nítido propósito de levar o sujeito passivo à ruína e eternamente preso àquele vínculo obrigacional.

Cria embaraços para o devedor, como dificuldades para negociação de débitos com posteriores ofertas "imperdíveis", intransigência em contextos específicos de vulnerabilidade (como na pandemia do COVID-19, do ano de 2020), dentre outros.

Tem reconhecimento não apenas no Enunciado 169 da III Jornada de Direito Civil, como previsão expressa no artigo 77 da Convenção de Viena de 1980 que trata dos contratos internacionais, esta ratificada pelo Brasil pelo decreto n. 8.327/2014, que dispõe o seguinte (em tradução livre):

*A parte que invocar o inadimplemento do contrato deverá tomar as medidas que forem razoáveis, de acordo com as circunstâncias, para diminuir os prejuízos resultantes do descumprimento, incluídos os lucros cessantes. Caso não adote estas medidas, a outra parte poderá pedir redução na indenização das perdas e danos, no montante da perda que deveria ter sido mitigada.*

Assim, no caso de inadimplemento de uma dívida substancial, a instituição financeira deve rapidamente manejar a ação de cobrança contra o consumidor, e não deixar que os juros fluam, a ponto de se tornarem impagáveis.

O Superior Tribunal de Justiça, no julgamento do recurso especial n. 758.518, aplicou a teoria para um credor que deixou transcorrer sete anos para cobrança de uma promessa de compra e venda de imóvel, querendo que o bem fosse devolvido, com os juros e correção (julgamento realizado dentro dos prazos prescricionais mais amplos do Código Civil de 1916).

Além disto, o Enunciado n. 629 da VIII Jornada de Direito Civil entende que a indenização não pode incluir os prejuízos agravados que poderiam ser evitados pelo credor, pelo que os custos da mitigação devem ser considerados no cálculo da indenização.

# 12 – CONSIDERAÇÕES FINAIS

A responsabilidade civil é um dos campos mais férteis para o exercício de novas teses jurídicas, porque demonstra a aplicação concreta dos princípios civilizatórios determinados pelo Código Civil para as relações privadas, principalmente o da boa-fé objetiva.

Esta obra, que tem finalidade puramente didática e voltada para o estudante de direito que deseja conhecer os temas aqui enfrentados, bem como para o profissional que vista uma atualização precisa, porém mais objetiva para fins de aplicação dos casos concretos, analisou os principais pontos do tema geral aqui apresentado.

Nossa coleção de Direito Civil, iniciada com o volume de Direito das Obrigações, propositalmente foi desenvolvida para aquele que precisa "ir direto ao ponto". Assim, projetamos o desenvolvimento da sequência dos assuntos buscando um equilíbrio entre a especificidade e a liberdade de consulta de pontos específicos, mas também evitando uma excessiva pulverização.

A sequência de leitura desta coleção também fica a cargo do leitor. Há quem necessite revisar de logo prescrição e decadência e, por isto, concebemos um volume específico sobre isto; há outros que querem apenas trabalhar com o estudo da posse; já outros querem se aprofundar no contrato de compra e venda.

Após a leitura deste volume, esperamos que você tenha conseguido adquirir a adequada sistematização dos conteúdos aqui trabalhados, pelo que nós, autores, ficamos à disposição para contato de dúvidas e sugestões para futuras edições e publicações.

Um forte abraço e obrigado por ter chegado até aqui.

Os autores.

# REFERÊNCIAS CITADAS E CONSULTADAS

ALVES, José Carlos Moreira. Direito romano. 6. ed. Rio de Janeiro: Forense, 1998. v. 2.

AMARAL, Francisco. O direito civil na pós-modernidade. In: FIUZA, César; SÁ, Maria de Fátima Freire de; e NAVES, Bruno Torquato de Oliveira. Direito civil: atualidades. Belo Horizonte: Del Rey, 2003.

ASCENSÃO, José de Oliveira. A desconstrução do abuso de direito. In: DELGADO, Mário Luiz e ALVES, Jones Figueiredo. Questões controvertidas. São Paulo: Método, 2005. v. IV.

BRITO, Rodrigo Azevedo Toscano de. Equivalência material dos contratos: civis, empresariais e de consumo. São Paulo: Saraiva, 2007.

CARVALHO NETO, Inácio de. Abuso de direito. 3. ed. Curitiba: Juruá, 2005.

CASTRO, Mônica. A desapropriação judicial no novo Código Civil. Disponível em: < http:// www.mundojuridico.adv.br/ sis_artigos.asp? codigo = 486 >. Acesso em: 3 jun. 2010.

CATALAN, Marcos Jorge. Descumprimento contratual: modalidades, consequências e hipóteses de exclusão do dever de indenizar. Curitiba: Juruá, 2005.

DONNINI, Rogério Ferraz. Responsabilidade pós-contratual: no novo Código Civil e no Código de Defesa do Consumidor. São Paulo: Saraiva, 2004.

FARIAS, Cristiano Chaves de; ROSENVALD, Nelson. Curso de direito civil: obrigações. 6. ed. Salvador: Juspodivm, 2012.

FERNANDES, Belmiro Vivaldo Santana. Direito Civil: Obrigações. Salvador/BA, Studio Sala de Aula Editora, 2020.

FIUZA, César. Crise e interpretação no direito civil da Escola da Exegese às Teorias da Argumentação. In: FIÚZA, César; SÁ, Maria de Fátima Freire de e NAVES, Bruno Torquato de Oliveira. Direito civil: atualidades. Belo Horizonte: Del Rey, 2003.

FRANÇA, Rubens Limongi. Instituições de direito civil. São Paulo: Saraiva, 1988.

GAGLIANO, Pablo Stolze. O contrato de doação. 3. ed. São Paulo: Saraiva, 2010.

GOMES, Orlando. Obrigações. 8. ed. Rio de Janeiro: Forense, 1986.

LÔBO, Paulo Luiz Netto. Código Civil comentado. São Paulo: Atlas, 2003. v. XVI.

LOPES, Miguel Maria de Serpa. Curso de direito civil: fontes das obrigações – contratos. 7. ed. Rio de Janeiro: Freitas Bastos, 2001.

LORENZETTI, Ricardo Luis. Fundamentos do direito privado. Trad. Vera Maria Jacob de Fradera. São Paulo: Revista dos Tribunais, 1998.

MARQUES, Cláudia Lima. Contratos no Código de Defesa do Consumidor. 4. ed. São Paulo: Revista dos Tribunais, 2004.

MARTINS-COSTA, Judith. Comentários ao novo Código Civil: do inadimplemento das obrigações. Rio de Janeiro: Forense, 2004. v. V, t. II.

NADER, Paulo. Curso de direito civil: obrigações. Rio de Janeiro: Forense, 2005. v. 2.

NERY JUNIOR, Nelson; NERY, Rosa Maria de Andrade. Código Civil comentado. 4. ed. São Paulo: Revista dos Tribunais, 2006.

NEVES, José Roberto de Castro. O Código do Consumidor e as cláusulas penais. 2. ed. Rio de Janeiro: Forense, 2006.

PERLINGIERI, Pietro. Perfis do direito civil: introdução ao direito civil constitucional. 2. ed. Rio de Janeiro: Renovar, 2002.

PODESTÁ, Fábio Henrique. Direito das obrigações: teoria geral e responsabilidade civil. 6. ed. São Paulo: Atlas, 2008.

REALE, Miguel. Estudos preliminares do Código Civil. São Paulo: Revista dos Tribunais, 2003.

ROCHA, António Manuel da; CORDEIRO, Menezes. Da boa-fé no direito civil. Coimbra: Almedina, 2001.

SILVA, C. V. do Couto e. A obrigação como processo. [S.l.]: FGV, 2006

SILVA, Jorge César Ferreira da. Inadimplemento das obrigações. São Paulo: Revista dos Tribunais, 2006.

TARTUCE, Flávio. Direito civil: direito das obrigações e responsabilidade civil. 9. ed. São Paulo: Método, 2014.

VELOSO, Zeno. Comentários ao Código Civil. São Paulo: Saraiva, 2003. v. 21.

# ABOUT THE AUTHOR

## Belmiro Vivaldo Santana Fernandes

Belmiro Vivaldo Santana Fernandes é Dou-
tor e Mestre em Direito pela Universidade
Federal da Bahia, além de graduado em Direito pela Universidade Católica do Salvador.
É pesquisador do Grupo VIDA na área de
bioética, registrado no CNPq e vinculado ao
Programa de Pós-Graduação em Direito da
Universidade Federal da Bahia. Pesquisa sobre direitos LGBTQIA+ desde o ano de 2004,
com dissertação de mestrado e tese na área.
É professor universitário dos níveis de
graduação, especialização e cursos livres, além de autor de obras
jurídicas, não jurídicas e também ficcionais.

# ABOUT THE AUTHOR

## Jeovanna Malena Viana Pinheiro Mesquisa

Jeovanna Malena Viana Pinheiro Mesquisa é Mestre em direito civil pela universidade de Coimbra( Portugal). Graduada em direito pela UFBA. Visiting Research da Universidade de Georgetown (Washington/USA) Pos Graduada em Gestão Educacional pela Complexo Educacional Damásio . Advogada . Professora de Direito da Uniruy(Faculdade Ruy Barbosa). Professora Responsável pelo  Núcleo de Prática Jurídica da Uniruy( Faculdade Ruy Barbosa).

# BOOKS IN THIS SERIES

*Curso de Direito Privado Brasileiro*
Esta série foi construída com o objetivo duplo: possibilitar o aprendizado daquele que está conhecendo a disciplina e também ser um instrumento para o leitor que pretende revisar ou redescobrir o seu estudo.

Através da apresentação mais direta dos conteúdos (o que podemos chamar de "resumo", "sinopse" ou "doutrina compactada"), optamos por evitar cansativas ilações doutrinárias ou jurisprudenciais, trazendo o essencial para o seu propósito, que é um caminhar seguro e lógico no ramo escolhido.

## Direito Civil: Obrigações

O direito das obrigações representa um importante departamento da ciência jurídica, com reflexos fundamentais não apenas no próprio direito civil, mas em diversos outros, a exemplo do próprio direito administrativo, tributário e do trabalho, para citar alguns.

Seus conteúdos precisam ser solidamente apreendidos pelo estudioso do direito, para que compreenda a maneira pela qual credores e devedores se vinculam, o direito civil garante normativamente o pagamento, além das consequências da mora e do inadimplemento absoluto.

Comumente, todo aquele que não compreende adequadamente

o direito das obrigações acaba enfrentando problemas técnicos quando do estudo e da aplicação nos ramos acima já citados, além de não conseguir visualizar soluções mais adequadas diante das situações jurídicas com as quais se depara.

# BOOKS BY THIS AUTHOR

## Responsabilidade Cívil Dos Pais Pelos Actos Dos Filhos Menores
### Jeovanna Viana

O presente livro resultou da dissertação de mestrado defendida da Faculdade de Direito, Universidade de Coimbra. Na sequência das observações feitas pelo júri, foram inseridas algumas alterações no texto original. Tornou-se também indispensável atualizá-lo de acordo com o novo Código Civil brasileiro. A obra tem como eixo central a legislação portuguesa, não deixando entretanto de acrescentar em todos os pontos abordados um estudo comparado com o direito brasileiro, direito anglo-saxônico e direito europeu. A gramática de Portugal foi utilizada para redigir o trabalho, tendo em vista estarmos tratando do mesmo idioma não acreditamos ser necessária a conversão do texto para a gramática do Brasil.

## La Bomboniére: E Seu Delicioso Cardápio De Tortas E Bolos Ebook Kindle

O universo LGBTQ é ainda rodeado por mistérios, especialmente dentre aquelas pessoas que não fazem parte dele. Há diversos mitos, estereótipos e estigmas que o permeia, mas também muitas vivências e histórias boas para serem contadas.

Este livro é um pequeno romance literário, ficcional portanto, de algumas vivências ocorridas por Hudson, Mário, Eustáquio, Ernani e Edson, na busca de viverem e serem felizes, seja na cidade onde parte deles vive, em Salvador/BA, seja nas diversas viagens pelo Brasil.

Neste volume, são retratadas as vivências desses personagens, marcadas por encontros, reencontros, curtição e vulnerabilidades. Alguns temas aqui trabalhados são um tanto quanto sensíveis e recomendo ao leitor que os conheça com cautela.

ADVERTÊNCIA: Esta é uma obra ficcional. Os personagens aqui retratados foram inspirados em pessoas reais, mas não correspondem a elas, nem seus destinos foram aqui reproduzidos. Leia esta obra como puro entretenimento, sem grandes reflexões, embora alguns temas tratados naturalmente as provoque.

## O Dano Moral Por Discriminação À Pessoa Em Decorrência De Sua Orientação Sexual.: Edição Revista E Ampliada

Esta dissertação buscou examinar a aplicação da responsabilidade civil por danos morais como instrumento de proteção às pessoas que são discriminadas em decorrência de orientação sexual. A partir da interlocução possível entre a Constituição e o Direito Civil, examinou-se o valor filosófico da dignidade humana e seu reconhecimento jurídico como princípio constitucional, cuja aplicabilidade revela-se plena mediante a utilização das teorias lastreadas no pensamento pós-positivista.

Objetivando o reconhecimento de sua máxima eficácia, pôs-se em aproximação a dignidade humana perante os direitos de personalidade e direitos fundamentais, enquanto suas decorrências normativas, enfrentando-se, com relação a estes últimos, o regramento da direta aplicação do direito à igualdade às relações jurídicas entre particulares. Reconhecidos tais limites, estudou-se mais detidamente o instituto da responsabilidade civil por danos morais, mediante o levantamento de seus pressupostos e das diversas correntes que regulam sua aplicação.

Neste contexto, buscou-se o regramento da livre expressão da sexualidade como decorrência do exercício da dignidade, mediante levantamento de dados antropológicos, científicos e históricos que atestam a ocorrência e legitimação social da homossexualidade em outras culturas e épocas, bem como os elementos que motivaram sua discriminação. A seguir, expôs-se o quadro da tolerância da orientação sexual no Brasil, a partir da análise de exemplos contemporâneos, conferindo-se especial destaque aos casos levados a julgamento nos tribunais pátrios.

A pesquisa indicou que, embora a sociedade brasileira ainda discrimine pessoas em decorrência de orientação sexual, o ordenamento jurídico pátrio é capaz de indenizá-las moralmente por tais agressões, considerando que o livre exercício da sexualidade é componente da plena manifestação da personalidade e satisfação do corolário da dignidade humana.

## O Chemsex No Brasil: Os Desafios À Construção De Uma Política Pública De Saúde Pela Superação Dos Estigmas E Preconceitos Ebook Kindle

Entende-se por chemsex, um acrônimo das palavras chemical e sex, um padrão decomportamento em que pessoas aderem à realização de práticas sexuais preponderantementeou exclusivamente com o uso de substâncias psicoativas, normalmente drogas ilícitas e muitoincidente na comunidade LGBTQ, em especial entre homens que fazem sexo com homens(HSH).

A expressão foi cunhada pelo ativista inglês David Stuart e tem sido preocupação dasociedade civil e de governos de muitos países, sendo considerada uma importante questão desaúde pública, em razão do potencial de danos causados ao corpo e à mente pelo uso prolongadodas substâncias, além de apresentar influência em novos vetores de contaminação por HIV eoutras infecções sexualmente transmissíveis. Diferentemente do exterior, no Brasil o tema aindaé pouco discutido, justificando sua investigação.

A abordagem deste trabalho tem como objetivoverificar se o sistema público de saúde brasileiro está preparado para enfrentar esta situação,considerando, como hipótese de pesquisa, que os sujeitos envolvidos não aderem ao chemsex poruma pura vontade autônoma, mas relacionada a contextos de vulnerabilidade pessoal, familiare social, influenciadas por uma biopolítica estigmatizadora. A pesquisa se utilizou do métodoteórico-descritivo, com revisão de literatura especializada, mas também apresentou momentoempírico, com observação direta e realização de entrevistas.